北大版留学生预科教材·专业汉语教程系列

文学专业汉语教程

赵长征　编著

图书在版编目(CIP)数据

中国文学专业汉语教程 / 赵长征编著. —北京：北京大学出版社，2007.9
ISBN 978-7-301-12770-4

Ⅰ. 中… Ⅱ. 赵… Ⅲ. 汉语-对外汉语教学-教材 Ⅳ. H195.4

中国版本图书馆 CIP 数据核字(2007)第 149039 号

书　　　名：中国文学专业汉语教程
著作责任者：赵长征　编著
责 任 编 辑：孙　娴
标 准 书 号：ISBN 978-7-301-12770-4/H·1848
出 版 发 行：北京大学出版社
地　　　址：北京市海淀区成府路 205 号　100871
网　　　址：http://www.pup.cn
电　　　话：邮购部 62752015　发行部 62750672　编辑部 62752028　出版部 62754962
电 子 邮 箱：zpup@pup.pku.edu.cn
印 刷 者：北京大学印刷厂
经 销 者：新华书店
　　　　　787 毫米×980 毫米　16 开本　10.75 印张　272 千字
　　　　　2007 年 9 月第 1 版　2007 年 9 月第 1 次印刷
印　　　数：0001～4000 册
定　　　价：28.00 元

未经许可，不得以任何方式复制或抄袭本书之部分或全部内容。
版权所有，侵权必究　举报电话：010-62752024
　　　　　　　　　　电子邮箱：fd@pup.pku.edu.cn

前言

"预科专业汉语教程系列"是一套高级汉语教材。它的适用对象是具有中级以上汉语水平,准备在中国大学本科(文科)进行专业学习的第二语言学习者、对某一专业领域有兴趣的第二语言学习者。

随着汉语在国际上的普及,世界各地学习汉语的人越来越多,其中有相当一部分外国学习者希望到中国高等院校接受学历教育,也有很多人的汉语学习具有明确的专业目的。我们认为对于这些学习者的需求应当给予一定的重视。而从一般的语言学习到专业的学习有一定的跨度,无论是学习内容还是学习方法都有很大的差异,要实现二者的贯连并非是一件轻而易举的事情。"预科专业汉语教程系列"编写组的成员都是长期从事对外汉语教学的教师,近年来,又专门为即将进入中国大学本科学习的预科班留学生授课。我们了解学习者的需求,熟悉他们的情况,并感到有责任帮助这些有志于钻研学问的外国学生踏上更高一级台阶。我们希望这套教材能够使学习者尽快走过过渡期和适应期,顺利地进入专业学习阶段。

本教材以专业性内容为主题,以提高汉语水平为主要目的,以接触一般性专业知识、积累专业词汇、训练专业学习基本方法为次目的,以实现语言学习与专业学习的直接贯连为预期目标。本教材力图体现语言知识与专业基础知识的结合;知识学习与技能训练的结合;引导学习者实现学习方法的转型。

我们对外国学生的专业需求进行了深入调查,在此基础上设计了这套系列教程。本教程从最初设计到出版历时数年,教材的整体思路、大致框架、基本体例由王若江提出,经编写组集体讨论确定。教程共计九册,各册相对独立,学习者可以根据自己的兴趣或需求,选择不同的专业汉语教材,分册目录如下:

《预科专业汉语教程——综合简本》(含汉语言、文学、历史、法律、经济)
《中国语言专业汉语教程》
《中国文学专业汉语教程》
《中国历史专业汉语教程》
《中国哲学专业汉语教程》
《中国法律专业汉语教程》

《中国经济专业汉语教程》
《中国政治专业汉语教程》
《中国外交专业汉语教程》

《综合简本》为一学年教材,内有20课;其余各册为一学期教材,各有10课。

在编写专业汉语系列教程时,我们参考了大量的专业文献,对于这些专家学者,我们由衷地表示感谢!由于种种原因,我们还有未能联系上的作者,希望这些作者能与我们联系。在编写期间我们得到了各方面的支持和帮助。北京大学教材建设委员会批准此教材为2004年度北京大学教材建设项目;北京大学对外汉语教育学院对教程的编写与试用给予了全力支持;北京大学出版社总编张黎明先生、前副总编郭荔女士一直关心此教程;汉语及语言学编辑部主任沈浦娜女士亲自负责,对教程的编写和出版提出了具体的意见,并给予了各种切实的帮助;责任编辑孙娴女士、贾鸿杰女士、李凌女士、邓晓霞女士提出了许多宝贵的意见,付出了艰辛的劳动,我们在此一并致以最诚挚的谢意。

编者

2007 年 1 月 20 日

致使用者

欢迎使用《中国文学专业汉语教程》!

《中国文学专业汉语教程》是一本高级汉语教材。它与一般汉语教材的主要区别在于教材内容限定在中国文学、电影、新闻传播的范围内,就专业性而言,不是讲这几个专业的系统的知识,而只是一般的常识;就教学目的而言,是通过专业方面的材料,进一步提高汉语水平,积累专业词汇,完成从语言学习到专业学习的过渡。

教材的适用对象是以汉语为第二语言、汉语水平已经达到中级的学习者。尤其适合准备进入中国大学学习文学、电影、新闻传播等专业的第二语言学习者;已经进入大学本科,还需要补习汉语的外国人;希望从专业性的角度提升汉语水平的第二语言学习者。

一、教材特点

本教材在贯彻系列教材总体原则的基础上,力求突出以下三个特点:

1. 注重知识性与可读性的统一。

即使学习者有学习专业的强烈愿望,但是从一般性语言学习进入专业领域,还是需要一个过渡阶段的。中国文学是中国文化的重要组成部分,许多对于普通中国人来说比较熟悉的基本术语,比如对仗、压韵、五言诗、七言诗等等,在外国留学生看来则是完全陌生的。如果带着这种陌生感直接上本科学习,很可能会连老师说什么都听不明白。所以,在这个阶段以介绍普通专业常识为主,目的只是为学生的下一步学习扫清基本障碍,而尽量不去涉及那些专业性很强的、难度较大的内容。在课程的编排上,以中国文学为主,占了8课,内容尽量覆盖中国文学的各个门类,根据学习的难度,按照从简到难的顺序来编排。而电影、新闻传播两个专业则比较简单,各只占1课,放在最后。现在通行的各种中国文学教材,修饰性的、带有文言色彩的词语太多,不利于留学生的理解,为了提高教材的可读性和可接受性,编者一般都根据各种资料进行了浅近化的改写,有些课文则是重新编写的。

2. 注重语言的通用性与专业性的贯通和对比。

在专业汉语教材中出现的词汇和语句绝大多数是通用性的，当然也有一些专业术语,二者的关系是既有联系又有区别。比如"形象"、"传奇"等词语,既是一般性常用词,又是重要的文学术语,需要专门的解释。利用学生的基础语言知识讲解专业词汇和句式,可以起到事半功倍的效果。专业汉语教程中出现的词语势必大大超出对外汉语教学的词汇大纲的范围,学习者必须勇敢地面对这一现实,尽快地熟悉、积累这些语言材料,否则将很难真正跨进专业门槛。

3. 注重学习方法的转型。

从高中生到大学生,学习方法需要有一个转型过程；从一个外国高中生的语言学习到中国大学生的专业学习,转型任务就更加艰巨了。我们曾对北京大学入系学习的留学生进行了连续四年的跟踪调查,了解到大部分留学生在第一个学期乃至第一学年都处在被动的学习状态中,他们非常不适应大学的学习方法。本教材以改变学生学习方法为目标,试图通过我们设计的各种教学环节，包括听课、记笔记、阅读、写读书报告、进行专业问题讨论等,引导学生逐步适应大学的学习方法。

二、教材体例

◎ 本书共有十课。

◎ 每课下设七个栏目：

【专题报告】安排一篇涉及中国文学某一门类或电影、新闻传播专业的专题报告。专题报告中出现的生词,在文中以阴影标示并在该页的小栏框中解释,各课不再设生词表。这种处理既便于学生的阅读,又有别于一般的汉语教材,从而使学习者改变一般汉语课的学习方法。

【专业词语】报告中出现的专业术语在文中以下画线标示,单独进行注释,目的是积累专业词汇。

【常见句型】讲解专题报告中出现的专业性文献中常见的句型,以及在文学专业文献中运用较多的一般性句型,在文中以黑体标示,目的是让学生熟悉这些句式,并能直接运用于专业性谈话和写作。

【专业知识】介绍与该专题有关的专业知识,目的是让学习者了解一些最基础的专业常识,拓宽学生专业知识的视野。

【阅读】提供与专题报告有关的文字材料,目的是扩大知识面,并训练学生快速阅读的能力。阅读中出现的生词，在文中以阴影标示并在当页的小栏框中解释。

【讨论题】根据专题报告和阅读内容提出讨论题目,引导学生思考并供课堂讨论之用,目的是训练学生思考和表达专业问题的能力。

【综合练习】进行以语言为主的综合练习,包括词语搭配、选词填空、句型练习、专业术语解释、写作等多项内容,目的是将所学知识落实到汉语上,全面提高语言能力。

教材有五个附录:专题报告主要词语表、专业词语表、阅读主要词语表和常见句型表,均按汉语拼音顺序排列,供学习者检索查阅。综合练习部分习题的参考答案,我们只提供了客观性题目的答案,不提供主观性、开放性题目的答案。

三、教学建议

本书每一课均设七个栏目,建议教学时分为五个步骤:①课前预习;②以听课为主的课堂教学,利用【专题报告】、【专业词语】和【常见句型】;③以扩大知识面为目的的阅读教学,利用【专业知识】和【阅读】;④以表达为主的口语教学,利用【讨论题】;⑤以语言知识为主的语言训练,利用【综合练习】。

总体教学方法是,先大学专业课授课方法,后以语言课授课方法进行补充。具体建议如下:

1. 课前准备:(课下1课时)

课前要求学生简单预习【专题报告】内容。

2. 第一段教学:(课堂5课时)

(1) 上课时由老师讲授【专题报告】内容,同时就授课内容做纲目式板书;老师讲授时,学生不看书,只是听讲并做听课笔记;在老师讲过之后,再阅读疏通【专题报告】,解释报告中的问题。课程开始阶段老师应该指导学生学习做课堂笔记的方法,并检查学生的笔记。在教学方法上与纯语言教学的主要区别是:开讲前没有热身话题导入,授课直奔主题;讲授时不是先疏通课文字句,再讲内容,而是通过听课先把握总体思想,再找补语言点,重点为词汇问题。

(2) 教师讲授【专题报告】之后,讲授【专业词语】,也可以在疏通【专题报告】时随文讲解。教材为了保证专业词语的准确性,对于专业词语的解释,一般是根据专业辞典做出的,因此学生在阅读时会有一定的难度,讲授时教师需要适当地通俗化。任课教师如果不是按照教材编号顺序来讲各课的话,遇到没有作出解释的专业词语,应该先查找一下,看看前面各课是否已经解释过这个词语。

(3)【常见句型】所谓常见句型,是指在专业文献中常见的句型,有的是专业文献特有的,有的句型在一般文献中也常见,而教材中的例句内容则是专业方面的。在教学中,希望教师尽量在专业性内容的语境中讲解句型,使学生熟悉句型,学会使用常见句型表达专业内容,避免浮泛化、一般化。

3. 第二阶段教学：(课堂 0.5 课时，课下 2 课时)

(1) 建议【专业知识】应在课堂安排一定的时间让学生快速阅读，读后由学生根据自己的理解介绍、说明专业知识，教师进行必要的补充，讲解不必深，掌握基本思想即可。

(2) 建议将【阅读】作为作业布置给学生课下阅读。由于内容较多，可以根据学生语言水平适量安排；同时布置讨论题，要求学生带着问题阅读；阅读时以把握思想为主，学习语言为辅。

4. 第三阶段教学：(课堂 0.5－1 课时)

根据【讨论题】组织课堂讨论，分组进行；讨论题较多，可以选择 1－2 个题目集中讨论。要求学生根据【专题报告】和【阅读】提供的内容，在课下准备好发言提纲；分组讨论后，全班总结，由各组代表概括说明本组意见。

5. 第四阶段教学：(课堂 1－1.5 课时，课下 3 课时)

进行综合训练，课前要求学生做准备，课上将全部练习做一遍；专业词语搭配和句型练习是练习的重点，应当适当地留笔头作业，然后老师进行批改；每课都设计了一个写作题目，在实际操作中，可以每课均做，也可以酌情增减。

编者在编写《中国文学专业汉语教程》时，深感专业知识和经验的不足，尽管教材已经试用两轮，进行了多次修改，但是肯定还存在着各种问题，诚恳地欢迎广大教材使用者批评指正。

编者
2007 年 6 月 22 日

目 录

第一课　中国现当代散文 …………………………………………………… 1
第二课　中国现当代小说 …………………………………………………… 14
第三课　中国的新诗 ………………………………………………………… 24
第四课　中国的戏剧 ………………………………………………………… 40
第五课　中国古代小说 ……………………………………………………… 51
第六课　中国古典诗歌的形式 ……………………………………………… 65
第七课　中国古代诗词鉴赏 ………………………………………………… 78
第八课　中国的古文 ………………………………………………………… 91
第九课　中国的电影(选修) ……………………………………………… 102
第十课　中国的新闻传播(选修) ………………………………………… 116

附录一　专题报告主要词语表 …………………………………………… 130
附录二　专业词语表 ……………………………………………………… 140
附录三　阅读主要词语表 ………………………………………………… 144
附录四　常见句型表 ……………………………………………………… 157
附录五　综合练习部分习题参考答案 …………………………………… 159

第一课

中国现当代散文

专题报告

中国现当代散文

在中国古代，文章都是用文言文写的。随着最后一个封建王朝——清朝的崩溃(bēngkuì)和覆灭(fùmiè)，这个情况发生了改变。从1915年开始的"新文化运动"，尤其是从1917年初开始的"文学革命"，提倡白话文，反对继续用文言文写作。新文化运动取得了极大的成果，从此中国的白话文便兴盛起来，并占据了文坛的主要阵地。现代的白话散文，也就由此诞生了。

散文，是与诗歌、小说和戏剧并列的一种文学体裁[1]。简单地说，散文就是以自由、优美的文笔记人、叙事、写景、状物，并借此抒发情感、发表议论，表现作家个性的散体短文。关于散文的特点，有一句非常有名的话："形散而神不散。"意思是说，散文的形式是非常自由随意的，没有一定的格式，时间、空间、人物、事件都可以随着作者的思路有很大的跳跃性，风格非常多样，题材[2]非常广泛，篇幅的长短也没有限制；但是这种表面上的"散"，却并不是真正的散乱，而是有着一个很确定的中心的。**一篇文章总有一个中心思想，也就是文章的"神"，不管形式多么自由，都还是围绕着这个中心思想来展开的。**

散文又可以分成很多小的类别。有的散文是记叙性的，或叙事，或写人，并在这个过程中，将人类美好真挚(zhēnzhì)的感情展现于读者面前，以情动人，感染读者。但是散文中的叙事写人，必须是真实的，这与小说的虚构是不一样的。**有的散文则是抒情性的**，往往通过写物或写景，来抒发作者的个人抱负，表现他的生活情操。有的散文以议论为主，以理服人，具有极强的逻辑(luójí)

崩溃：彻底破坏或垮台。
覆灭：全部被消灭；毁灭。
真挚：真诚恳切。
感染：通过语言文字或其他形式引起别人相同的思想感情。
虚构：凭想象编造出来。
抱负：志向，愿望。
逻辑：思维的规律。

力量。还有些散文是科学普及一类的,向读者介绍自然界某一方面的知识。另外,还有一种比较特殊的类型,那就是杂文。**杂文是由鲁迅[3]等人开创的一种新型的散文体裁,它介于抒情叙事的散文和议论文之间**,既有形象性,又有逻辑性;既以议论为主,又是以形象的方式去议论的。杂文生动、泼辣,而且往往是就现实政治问题而写的,所以极有战斗性。还有一些作品,以散文的形式表现诗意的题材,介于散文与诗歌之间,我们叫它散文诗。这种形式也是由鲁迅首创的。散文的涵盖(hángài)面是这样的广泛,种类是这样的繁多,要将它作出非常具体的分类是很困难的,而要把每一篇作品作具体归类则更难,因为一般的情况下,一篇散文作品往往同时具有上面提到的好几方面的特点,只是偏重的方面有所不同罢了。

　　优秀的散文,能够充分地表现出文字的美感和魅力(mèilì)。中国现代就出现了许多这样优秀的散文作品,出现了许多著名的散文家。鲁迅的杂文非常有名,他的杂文就像"匕首(bǐshǒu)和投枪","锋利而切实",在激烈变幻动荡的社会风云中闪耀着不屈的战斗光芒。梁实秋[4]和周作人[5]也都是杂文名家。朱自清[6]、郁达夫[7]的散文,文笔优美,格调清新,具有非常高的审美[8]价值,其中一些写景、抒情的作品,如朱自清《春》、《温州的踪迹·绿》、《荷塘月色》,郁达夫《故都的秋》等,尤其脍炙人口(kuài zhì rén kǒu)。此外还有林语堂、巴金[9]、俞平伯、沈从文[10]等,都是各有特色的散文家。

　　学术界一般把从1917年初文学革命到1949年之间的文学称为现代文学,把从1949年中华人民共和国建立至今的文学称为当代文学。在这个新的历史时期里,中国的散文进一步发展,形式更加多样,佳作迭出(diéchū),涌现了孙犁、汪曾祺、贾平凹、余秋雨等一大批散文名家。台湾的柏杨、李敖、余光中、三毛等作家的散文也都非常出色。随着媒体的发达,散文也越来越发达,影响也越来越深广。散文的篇幅一般不太长,又能够迅速反映现实生活,对于生活节奏快的当代人来说,它是一种非常适合阅读的文体。今天,它已经成为我们精神生活中的一个不可或缺的组成部分。无怪乎有人说,现在是散文的世界了。

泼辣:办事写文章厉害、痛快。
涵盖:包容、覆盖。
魅力:很能吸引人的力量。
匕首:短剑或狭长的短刀。
名家:在某种艺术、学术或技能方面有特殊贡献的著名人物。
脍炙人口:切细的烤肉人人都爱吃。比喻好的诗文或事物为众人所称赞。
迭出:多次出现。
媒体:指交流、传播信息的工具,如报刊、广播、广告等。
不可或缺:不能缺少。
无怪乎:难怪。

专业词语

1. **体裁**
   文学作品的表现形式。可以用多种标准来分类。我们一般把文学体裁分为诗歌、小说、散文、戏剧四大类。

2. **题材**
   构成文学、艺术作品的内容主题所用的材料。

3. **鲁迅(1881—1936)**
   本名周樟寿,字豫才,后又取名周树人,浙江绍兴人。中国现代的伟大作家。

4. **梁实秋(1903—1987)**
   名治华,北京人。现代著名作家。

5. **周作人(1885—1967)**
   浙江绍兴人,鲁迅的弟弟,现代著名作家。

6. **朱自清(1898—1948)**
   字佩弦,江苏扬州人,现代著名作家、学者。

7. **郁达夫(1896—1945)**
   浙江富阳人,现代著名作家。

8. **审美**
   领会事物或艺术品的美。与审美相关的学问叫美学。美学就是研究自然界、社会和艺术领域中美的一般规律与原则的科学。主要探讨美的本质,艺术和现实的关系,艺术创作的一般规律等。

9. **巴金(1904—2005)**
   原名李尧棠,字芾甘,四川成都人。现代著名作家。

10. **沈从文(1902—1988)**
    原名沈岳焕,湖南凤凰人。现代著名作家。

常见句型

一、围绕……(来)展开

◎ 一篇文章总有一个中心思想,也就是文章的"神",不管形式多么自由,都还是围绕着这个中心思想来展开的。

▲ 表示文章、会议等以某一个话题为中心来进行写作或讨论。后面可以再加动词,也可以不加。
1. 小说的情节围绕一个农民的命运来展开。
2. 文章围绕着贾平凹的乡土情结来展开论证。
3. 这次会议将围绕环境保护展开讨论。

二、通过……抒发/表达……

◎ 有的散文则是抒情性的,往往通过写物或写景,来抒发作者的个人抱负,表现他的生活情操。

▲ 指用什么样的艺术手法或方式,来表达某种感情。
1. 这篇散文通过对旅途风光的描写,抒发了作者对祖国壮美山川的热爱之情。
2. 李白的《静夜思》通过对月光的吟咏,来表达自己对故乡深深的思念。
3. 美国电影《后天》通过对未来世界由于温室效应而产生大灾难的幻想,深刻表达了对人类破坏环境可能带来的严重后果的担心。

三、介于A和/与B之间

◎ 杂文是由鲁迅等人开创的一种新型的散文体裁,它介于抒情叙事的散文和议论文之间。

▲ 表示一种事物就其性质、程度、数量、位置等处于同一类型的另外两种事物中间的状态。
1. 英格兰足球队的实力,介于巴西队和日本队之间。
2. 那个人的年纪介于40岁和50岁之间。
3. 蒙古介于中国和俄罗斯之间。

专业知识

朱自清早期的散文

朱自清是极少数能用白话写出脍炙人口名篇的散文家。他擅长写一种漂亮精致的抒情散文,可与古典散文名著媲美(pìměi)。无论是朴素动人如《背影》,明净淡雅如《荷塘月色》,或者委婉真挚如《儿女》,从中都能感到他的诚挚和正直。他写作态度严肃不苟,始终执著地表现人生。《桨声灯影里的秦淮河》、《温州的踪迹·绿》、《荷塘月色》是他写景抒情的名篇,都体现出作者对自然景物的精确观察,对声音、色彩的敏锐感觉,通过千姿百态、或动或静的鲜明形象,巧妙的比喻、联想,融入自己的感情色彩,便构成细密、幽远、浑圆的意境。他的散文结构缜密(zhěnmì),脉络清晰,宛转曲折的思绪中保持一种温柔敦厚的气氛。文字几乎全用口语,清秀、朴素而又精到,在20年代就被看作是娴熟(xiánshú)使用白话文字的典范。《背影》只是质朴地叙说父亲送别儿子的一段场景,可他捕捉到一二不可言说的典型细节,注入了一股对劳碌奔波的老父的至亲深情,表现出小资产者在旧世界一生颠簸挣扎的可悲命运。这样,就很容易打动无数身受飘零之苦的人,不难解释为什么此篇能那样长久地激起读者的心潮了。

(节选自钱理群、温儒敏、吴福辉,《中国现代文学三十年(修订本)》,北京大学出版社,1998年7月,第153—154页,有删改。题目是编者所加。)

爱

张爱玲

这是真的。

有个村庄的小康之家的女孩子,生得美,有许多人来做媒,但都没有说成。那年她不过十五六岁吧,是春天的晚上,她立在后门口,手扶着桃树。她记得她穿的是一件月白的衫子。对门住的年青人,同她见过面,可是从来

张爱玲:(1920—1996):祖籍河北丰润,生于上海,现代著名作家。

没有打过招呼的,他走了过来,离得不远,站定了,轻轻地说了一声:"噢,你也在这里吗?"她没有说什么,他也没有再说什么,站了一会,各自走开了。

就这样完了。

后来这个女人被亲眷(qīnjuàn)拐了,卖到他乡外县去做妾(qiè),又几次三番地被转卖,经过无数的惊险的风波,老了的时候她还记得从前那一回事,常常说起,在那春天的晚上,在后门的桃树下,那年青人。

于千万人之中遇见你所要遇见的人,于千万年之中,时间的无涯的荒野里,没有早一步,也没有晚一步,刚巧赶上了,那也没有别的话可说,惟有轻轻地问一声:"噢,你也在这里吗?"

亲眷:亲戚。
拐:诱骗;把妇女或儿童骗带走。
妾:妻子之外另娶的女人。

立 论

鲁 迅

我梦见自己正在小学校的讲堂上预备作文,向老师请教立论的方法。

"难!"老师从眼镜圈外斜射出眼光来,看着我,说:"我告诉你一件事——

"一家人家生了一个男孩,合家高兴透顶了。满月的时候,抱出来给客人看,——大概自然是想得一点好兆头。

"一个说:'这孩子将来要发财的。'他于是得到一番感谢。

"一个说:'这孩子将来要做官的。'他于是收回几句恭维。

"一个说:'这孩子将来是要死的。'他于是得到一顿大家合力的痛打。

"说要死的必然,说富贵的许谎。但说谎的得好报,说必然的遭打。你……"

"我愿意既不谎人,也不遭打。那么,老师,我得怎么说呢?"

"那么,你得说:'啊呀!这孩子呵!您瞧!多么……。阿唷!哈哈!Hehe! he,hehehehe!'"

兆头:事先显现出来的迹象。
许谎:说谎。

春

朱自清

盼望着,盼望着,东风来了,春天的脚步近了。

一切都像刚睡醒的样子,欣欣然张开了眼。山朗润起来了,水长起来了,太阳的脸红起来了。

朗润:明朗润泽。

小草偷偷地从土里钻出来，嫩嫩的，绿绿的。园子里，田野里，瞧去，一大片一大片满是的。坐着，躺着，打两个滚，踢几脚球，赛几趟跑，捉几回迷藏。风轻悄悄的，草绵软软的。

桃树、杏树、梨树，你不让我，我不让你，都开满了花赶趟儿。红的像火，粉的像霞(xiá)，白的像雪。花里带着甜味，闭了眼，树上仿佛已经满是桃儿、杏儿、梨儿！花下成千成百的蜜蜂嗡嗡地闹着，大小的蝴蝶飞来飞去。野花遍地是：杂样儿，有名字的，没名字的，散在草丛里，像眼睛，像星星，还眨呀眨的。

"吹面不寒杨柳风"，不错的，像母亲的手抚摸着你。风里带来些新翻的泥土的气息，混着青草味，还有各种花的香，都在微微润湿的空气里酝酿(yùnniàng)。鸟儿将窠巢(kēcháo)安在繁花嫩叶当中，高兴起来了，呼朋引伴地卖弄清脆的喉咙，唱出宛转的曲子，与轻风流水应和着。牛背上牧童(mùtóng)的短笛，这时候也成天在嘹亮(liáoliàng)地响。

雨是最寻常的，一下就是三两天。可别恼，看，像牛毛，像花针，像细丝，密密地斜织着，人家屋顶上全笼着一层薄烟。树叶子却绿得发亮，小草也青得逼你的眼。傍晚时候，上灯了，一点点黄晕的光，烘托出一片安静而和平的夜。乡下去，小路上，石桥边，撑起伞慢慢走着的人；还有地里工作的农夫，披着蓑(suō)，戴着笠(lì)的。他们的草屋，稀稀疏疏地在雨里静默着。

天上风筝渐渐多了，地上孩子也多了。城里乡下，家家户户，老老小小，他们也赶趟儿似的，一个个都出来了。舒活舒活筋骨，抖擞(dǒusou)抖擞精神，各做各的一份事去。"一年之计在于春"；刚起头儿，有的是工夫，有的是希望。

春天像刚落地的娃娃，从头到脚都是新的，它生长着。

春天像小姑娘，花枝招展的，笑着，走着。

春天像健壮的青年，有铁一般的胳膊和腰脚，他领着我们上前去。

捉迷藏：蒙着眼睛捉或寻找躲藏者的游戏。
赶趟儿：凑热闹。
霞：早晨、傍晚的彩云。
杂样儿：各种各样。
酝酿：造酒的发酵过程，比喻做准备工作。
窠巢：鸟窝。
牧童：放牧牛羊的小孩。
嘹亮：声音圆润而响亮。
蓑：用棕榈(zōnglǘ)皮编成的雨衣。
笠：用竹篾(zhúmiè)夹油纸、竹叶等制成的宽边帽子，用以遮太阳或雨。
舒活：舒展、活动。
抖擞：振作。

丑　石

贾平凹

我常常遗憾我家门前的那块丑石呢：它黑黝黝地卧在那里，牛似的模样；谁也不知道是什么时候留在这里的，谁也不去理会它。只是麦收时节，门前摊了麦子,奶奶总是要说:这块丑石,多碍(ài)地面哟,多时把它搬走吧。

　　于是,伯父家盖房,想以它垒(lěi)山墙,但苦于它极不规则,没棱角儿,也没平面儿;用錾(zàn)破开吧,又懒得花那么大气力,因为河滩并不甚远,随便去掮(qián)一块回来,哪一块也比它强。房盖起来,压铺台阶,伯父也没有看上它。有一年,来了一个石匠,为我家洗一台石磨,奶奶又说:用这块丑石吧,省得从远处搬动。石匠看了看,摇着头,嫌它石质太细,也不采用。

　　它不像汉白玉那样的细腻,可以凿下刻字雕花,也不像大青石那样的光滑,可以供来浣(huàn)纱捶(chuí)布;它静静地卧在那里,院边的槐荫没有庇覆(bìfù)它,花儿也不再在它身边生长。荒草便繁衍出来,枝蔓上下,慢慢地,竟锈上了绿苔、黑斑。我们这些做孩子的,也讨厌起它来,曾合伙要搬走它,但力气又不足;虽时时咒(zhòu)骂它,嫌弃它,也无可奈何,只好任它留在那里去了。

　　稍稍能安慰我们的,是在那石上有一个不大不小的坑凹儿,雨天就盛满了水。常常雨过三天了,地上已经干燥,那石凹里水儿还有,鸡儿便去那里渴饮。每每到了十五的夜晚,我们盼着满月出来,就爬到其上,翘望天边;奶奶总是要骂的,害怕我们摔下来。果然那一次就摔了下来,磕破了我的膝盖呢。

　　人都骂它是丑石,它真是丑得不能再丑的丑石了。

　　终有一日,村子里来了一个天文学家。他在我家门前路过,突然发现了这块石头,眼光立即就拉直了。他再没有走去,就住了下来;以后又来了好些人,说这是一块陨石(yǔnshí),从天上落下来已经有二三百年了,是一件了不起的东西。不久便来了车,小心翼翼地将它运走了。

　　这使我们都很惊奇!这又怪又丑的石头,原来是天上的呢!它补过天,在天上发过热,闪过光,我们的先祖或许仰望过它,它给了他们光明,向往,憧憬(chōngjǐng);而它落下来了,在污土里,荒草里,一躺就是几百年了?

　　奶奶说:"真看不出!它那么不一般,却怎么连墙也垒不成,台阶也垒不成呢?"

　　"它是太丑了。"天文学家说。

　　"真的,是太丑了。"

　　"可这正是它的美,"天文学家说,"它是以丑为美的。"

　　"以丑为美?"

碍:妨碍,阻挡。
垒:把砖、石等重叠砌起来。
山墙:支承人字形屋顶两头的墙。
錾:一种雕凿金石的工具。
掮:把东西放在肩上运走。
浣:洗。
捶布:洗衣服。捶,打。
庇覆:保护,覆盖。
咒:骂。
陨石:从天上掉下来的石头。
憧憬:向往。

"是的,丑到极处,便是美到极处。正因为它不是一般的顽石,当然不能去做墙,做台阶,不能去雕刻,捶布。它不是做这些玩意儿的,所以常常就遭到一般世俗的讥讽。"

奶奶脸红了,我也脸红了。

我感到自己的可耻,也感到了丑石的伟大;我甚至怨恨它这么多年竟会默默地忍受着这一切?而我又立即深深地感到它那种不屈于误解、寂寞的生存的伟大。

> **玩意儿**:事物,东西。

我与地坛(节选)

史铁生

现在我才想到,当年我总是独自跑到地坛去,曾经给母亲出了一个怎样的难。

她不是那种光会疼爱儿子而不懂得理解儿子的母亲。她知道我心里的苦闷,知道不该阻止我出去走走,知道我要是老呆在家里结果会更糟,但她又担心我一个人在那荒僻的园子里整天都想些什么。我那时脾气坏到极点,经常是发了疯一样地离开家,从那园子里回来又中了魔似的什么话都不说。母亲知道有些事不宜问,便犹犹豫豫地想问而终于不敢问,因为她自己心里也没有答案。她料想我不会愿意她跟我一同去,所以她从未这样要求过,她知道得给我一点独处的时间,得有这样一段过程。她只是不知道这过程得要多久,和这过程的尽头究竟是什么。每次我要动身时,她便无言地帮我准备,帮助我上了轮椅车,看着我摇车拐出小院;这以后她会怎样,当年我不曾想过。

有一回我摇车出了小院;想起一件什么事又返身回来,看见母亲仍站在原地,还是送我走时的姿势,望着我拐出小院去的那处墙角,对我的回来竟一时没有反应。待她再次送我出门的时候,她说:"出去活动活动,去地坛看看书,我说这挺好。"许多年以后我才渐渐听出,母亲这话实际上是自我安慰,是暗自的祷告(dǎogào),是给我的提示,是恳求与嘱咐。只是在她猝然(cùrán)去世之后,我才有余暇(yúxiá)设想。当我不在家里的那些漫长的时间,她是怎样心神不定坐卧难宁,兼着痛苦与惊恐与一个母亲最低限度的祈求。现在我可以断定,以她的聪慧和坚忍,在那些空落的白天后的黑夜,在那不眠的黑夜后的白天,她思来想去最后准是对自己说:"反正我不能不让他出去,未来的日子是他自己的,如果他真的要在那园子里出了什么事,这苦难也只好我来承担。"在那段日子里——那是好几年长的一段日子,我想我一定使母亲作过了最坏的准备了,但她从来没有对我说

> **祷告**:宗教徒向神求保佑。
> **猝然**:突然地,出乎意料。
> **余暇**:空闲的时间。

过:"你为我想想"。事实上我也真的没为她想过。那时她的儿子,还太年轻,还来不及为母亲想,他被命运击昏了头,一心以为自己是世上最不幸的一个,不知道儿子的不幸在母亲那儿总是要加倍的。她有一个长到二十岁上忽然截瘫(jiétān)了的儿子,这是她唯一的儿子;她情愿截瘫的是自己而不是儿子,可这事无法代替;她想,只要儿子能活下去哪怕自己去死呢也行,可她又确信一个人不能仅仅是活着,儿子得有一条路走向自己的幸福;而这条路呢,没有谁能保证她的儿子终于能找到。——这样一个母亲,注定是活得最苦的母亲。

截瘫:身体下半部包括双腿全部或部分的瘫痪(huàn)。
沉郁:沉闷忧愁。
熬:忍受,忍耐,坚持。
颓:塌坏的。
恍惚:精神不集中,神志不清。
步履:行走。
倔强:刚强,不屈服。
羞涩:心里害羞而举动拘束不自然。
告诫:劝某人不要做某事。

在我的头一篇小说发表的时候,在我的小说第一次获奖的那些日子里,我真是多么希望我的母亲还活着。我便又不能在家里呆了,又整天整天独自跑到地坛去,心里是没头没尾的沉郁(chényù)和哀怨,走遍整个园子却怎么也想不通:母亲为什么就不能再多活两年?为什么在她儿子就快要碰撞开一条路的时候,她却忽然熬(áo)不住了?莫非她来此世上只是为了替儿子担忧,却不该分享我的一点点快乐?她匆匆离我去时才只有四十九呀!

摇着轮椅在园中慢慢走,又是雾罩的清晨,又是骄阳高悬的白昼,我只想着一件事:母亲已经不在了。在老柏树旁停下,在草地上在颓(tuí)墙边停下,又是处处虫鸣的午后,又是鸟儿归巢的傍晚,我心里只默念着一句话:可是母亲已经不在了。把椅背放倒,躺下,似睡非睡挨到日没,坐起来,心神恍惚(huǎnghū),呆呆地直坐到古祭坛上落满黑暗然后再渐渐浮起月光,心里才有点明白,母亲不能再来这园中找我了。

曾有过好多回,我在这园子里呆得太久了,母亲就来找我。她来找我又不想让我发觉,只要见我还好好地在这园子里,她就悄悄转身回去,我看见过几次她的背影。我也看见过几回她四处张望的情景,她视力不好,端着眼镜像在寻找海上的一条船,她没看见我时我已经看见她了,待我看见她也看见我了我就不去看她,过一会我再抬头看她就又看见她缓缓离去的背影。我单是无法知道有多少回她没有找到我。有一回我坐在矮树丛中,树丛很密,我看见她没有找到我;她一个人在园子里走,走过我的身旁,走过我经常呆的一些地方,步履(bùlǚ)茫然又急迫。我不知道她已经找了多久还要找多久,我不知道为什么我决意不喊她——但这绝不是小时候的捉迷藏,这也许是出于长大了的男孩子的倔强(juéjiàng)或羞涩(xiūsè)?但这倔强只留给我痛悔,丝毫也没有骄傲。我真想告诫(gàojiè)所有长大了的男孩子,千万不要跟母亲来这套倔强,羞涩就更不必,我已经懂了可我已经来不及了。

儿子想使母亲骄傲,这心情毕竟是太真实了,以致使"想出名"这一声名狼藉(lángjí)的念头也多少改变了一点形象。这是个复杂的问题,且不去管它了罢。随着小说获奖的激动逐日暗淡,我开始相信,至少有一点我是想错了:我用纸笔在报刊上碰撞开的一条路,并不就是母亲盼望我找到的那条路。年年月月我都到这园子里来,年年月月我都要想,母亲盼望我找到的那条路到底是什么。母亲生前没给我留下过什么隽永(juànyǒng)的哲言,或要我恪守(kèshǒu)的教诲(jiàohuǐ),只是在她去世之后,她艰难的命运,坚忍的意志和毫不张扬的爱,随光阴流转,在我的印象中愈加鲜明深刻。

有一年,十月的风又翻动起安详的落叶,我在园中读书,听见两个散步的老人说:"没想到这园子有这么大。"我放下书,想,这么大一座园子,要在其中找到她的儿子,母亲走过了多少焦灼(jiāozhuó)的路。多年来我头一次意识到,这园中不单是处处都有过我的车辙(zhé),有过我的车辙的地方也都有过母亲的脚印。

声名狼藉:形容名声极坏。
隽永:(言辞、诗文或其他事物)意味深长、引人入胜。
恪守:谨慎而恭顺地遵守。
教诲:教导,训诫。
焦灼:非常着急。
辙:车轮的痕迹。

1. 以"阅读"中的几篇散文为例子,说说散文的特点,以及它和诗歌、小说有什么不同。
2. 朱自清的散文《春》,在语言上有什么特点?
3. 你喜欢史铁生的散文《我与地坛》吗?为什么?

1. **熟读下列词语。**

文学体裁	写景状物	抒发情感	发表议论	形式自由
风格多样	中心思想	叙事写人	生活情操	逻辑力量
生动活泼	种类繁多	文笔优美	格调清新	审美价值
影响深广	反映现实生活			

2. 选择合适的词语填空。

| 崩溃 | 真挚 | 感染 | 虚构 | 逻辑 | 脍炙人口 |
| 泼辣 | 魅力 | 朗润 | 酝酿 | 告诫 | 不可或缺 |

(1)《三国演义》在中国是一部家喻户晓、(　　　　)的小说。

(2) 他的快乐(　　　　)了大家，人们打开录音机，随着轻快的音乐一起跳起舞来。

(3) 在电影中，间谍007是一个很有(　　　　)的男人。

(4) 他安静地坐在绿色的草地上，望着远处的山峦和蓝天，开始(　　　　)一篇抒情散文。

(5) 她办事作风(　　　　)，同事们都很敬畏她，连领导也让她三分。

(6) 进行文学创作，对美的感受力和表现力都是(　　　　)的。

(7) 你刚才说的话，前面和后面自相矛盾，(　　　　)有问题。

(8) 听到女儿不幸去世的消息，她的精神彻底(　　　　)了。

(9) 爸爸(　　　　)她不要与那些坏孩子一起玩。

(10) 这部电视连续剧的故事完全是(　　　　)的，不要对号入座。

3. 句型练习。

(1) 围绕……(来)展开

① 一篇文章总有一个中心思想，也就是文章的"神"，不管形式多么自由，都还是围绕着这个＿＿＿＿＿＿＿＿＿＿来展开的。

② 他的博士论文，围绕＿＿＿＿＿＿＿＿＿＿来展开论述。

③ 他上任以后，紧紧围绕＿＿＿＿＿＿＿＿＿＿展开工作，终于在两年以后＿＿＿＿＿＿＿＿＿＿。

④ ＿＿＿＿＿＿＿＿＿＿围绕＿＿＿＿＿＿＿＿＿＿展开＿＿＿＿＿＿＿＿＿＿。

(2) 通过……抒发/表达……

① 这首诗通过对月色下的长江景色的描写，表达了＿＿＿＿＿＿＿＿＿＿的感情。

② 朱自清的散文《春》，通过对春天美好景物的描写，＿＿＿＿＿＿＿＿＿＿。

③ 史铁生的散文《我与地坛》，通过＿＿＿＿＿＿＿＿＿＿，表达了＿＿＿＿＿＿＿＿＿＿。

④ ＿＿＿＿＿＿＿＿＿＿通过＿＿＿＿＿＿＿＿＿＿，抒发/表

达_____。

(3) 介于 A 和/与 B 之间

① 还有一些作品,以散文的形式表现诗意的题材,介于_____与_____之间,我们叫它散文诗。

② 对于这件事情,爸爸和妈妈的意见正好相反,而他的态度则介于爸爸与_____之间。

③ 这种水果的颜色介于_____与_____之间。

④ _____,介于_____与_____之间。

4. **名词解释。**

    体裁   题材   杂文   朱自清   审美

5. **在"阅读"材料中选一篇散文,写一篇读后感,不少于200字。**

第二课

中国现当代小说

专题报告

中国现当代小说

1919年8月，鲁迅的《狂人日记》发表于《新青年》杂志上。这是中国现代白话小说的第一篇作品，开辟了中国小说发展的新时代。鲁迅是中国著名的文学大师，中国现代小说在他的手中开始，又在他的手中成熟。**他的小说集《呐喊 Nàhǎn》、《彷徨 Pánghuáng》，致力于挖掘**(wājué)**现代中国人的精神创伤和病态，深刻揭露**(jiēlù)**了中国社会的病根**，最终指向"绝望的反抗"；同时，采取多种多样的艺术手法，进行各种实验和探索，取得了很高的艺术成就。《呐喊》集里的中篇小说[1]《阿Q正传》所塑造(sùzào)的阿Q，成为了中国文学的经典形象[2]。

在以鲁迅为代表的先驱者们为白话小说开辟了道路以后，大批的小说作家涌现(yǒngxiàn)出来，形成了许许多多的小说流派[3]，如京派、海派、乡土小说、以"左联"为核心的左翼(zuǒyì)等等。最著名的小说家有茅盾、老舍、巴金、沈从文等。

茅盾[4]的著名小说有《蚀》三部曲(《幻灭》、《动摇》、《追求》)、《霜叶红似二月花》、《春蚕》、《林家铺子》等等，但是**他最有名的作品当推长篇小说《子夜》**。这篇小说写成于1932年，通过民族资本家吴荪甫(Wú Sūnfǔ)的悲剧命运，准确表现了20世纪30年代社会各阶级、各阶层的人的思

呐喊	大声呼喊。这里为小说集名。
彷徨	徘徊，走来走去，不知道往哪里走好。这里为小说集名。
挖掘	向下挖以发掘。
揭露	揭发隐蔽的事，使之暴露。
病根	引起失败或灾祸的原因。
塑造	用语言文字等艺术手段描写人物形象。
涌现	在同一时期大量出现。
左翼	政党、派别、团体中的左派。

14

想、性格、心理、命运及其历史纠葛(jiūgé)和流动,完整地反映出整个大时代的全部丰富性和复杂性,成为现实主义的里程碑式的作品。

老舍5是"京味小说"的开创者,他集中表现的是北京的市民世界。他作品的"北京味儿"、幽默风,以及以北京话为基础的俗白、凝练、纯净的语言,在现代作家中独具一格。老舍小说关注文化与人的关系,其总主题是"批判国民性弱点"。他比较有名的作品有《老张的哲学》、《二马》、《四世同堂》等。其代表作《骆驼祥子》写成于1936年,通过破产农民祥子到北京谋生,最后被社会毁灭的悲剧,真实地反映了旧中国城市底层人民的苦难生活。

巴金是以战士的姿态从事创作的,他的小说大都是写旧家庭的崩溃以及青年一代的叛逆反抗。他的代表作是《激流三部曲》:《家》、《春》、《秋》。其中,写成于1931年的《家》的成就最高。作品写了一个旧式大家庭——高家——的三兄弟觉新、觉民、觉慧的爱情遭遇,以及他们所选择的不同的生活道路,激烈地批判了封建专制主义,号召青年进行反抗,投入革命洪流。巴金是一位高产的作家,他的《灭亡》、《新生》、《爱情三部曲》、《寒夜》等小说,也都是脍炙人口的名篇。

沈从文是京派的代表作家。从20世纪30年代起,他写出了一系列"湘西"主题的代表作。他的故乡湘西,在他的笔下代表着一种"优美,健康,自然,而又不悖(búbèi)乎人性的人生形式"。湘西系列小说中,最有名的是《边城》。它描写撑渡船的老人与他的孙女翠翠相依为命的纯朴生活,以及当地掌水码头团总的两个儿子同爱一个翠翠以致造成悲剧的结局。沈从文的小说有着浓厚的文化意味,独特的人情风俗,这在当时是别具一格的。

中国现代的著名小说家还有郁达夫、丁玲、张天翼、沙汀、艾芜、废名、钱钟书、路翎、赵树理、张爱玲、萧红等。其中,钱钟书是一位学者型的讽刺小说家,他的《围城》以《儒林外史》的描写气魄(qìpò),刻画了抗战期间中上层知识界的众生相。赵树理善于写真正为农民所欢迎的通俗乡土小说,代表作是《小二黑结婚》。张爱玲则用华美的文辞来表现上海、香港两地男女间千疮百孔(qiān chuāng bǎi kǒng)的经

纠葛:纠缠不清的事情;纠纷。

里程碑:设置在路旁记录里数的标志。这里比喻在历史发展过程中可以作为标志的大事。

凝练:简洁,没有废话。

独具一格:单独有一种特别的风格、格调。

激流:速度很快的水流。

洪流:这里指像巨大的水流一样的力量。

高产:产量很高。

不悖:不相违背;不相抵触。

相依为命:互相依靠着生活,谁也离不开谁。

码头:水边供船停靠的建筑。

气魄:气势,魄力。

众生相:许多人的各自不同的表情或表现。

千疮百孔:比喻毛病很多或破坏严重。疮,皮肤上溃烂的病。

历,故事是俗世男女的离与合,笔力却深入人性的深处,最终挑露出人的脆弱暗淡(àndàn),代表作有《倾城之恋》、《金锁记》等。

　　1949年至1966年之间,出现了许多革命历史题材的小说,如曲波的《林海雪原》、杨沫的《青春之歌》、吴强的《红日》、罗广斌和杨益言的《红岩》等等,在当时的影响都是非常巨大的。

　　在"文革"结束之后,政治对文学创作的压力减弱,同时西方的各种新的文学流派、文学技法被介绍进来,使得中国内地的小说创作重新繁荣起来。先后兴起了伤痕(shānghén)文学、反思文学、寻根文学、先锋小说、新写实主义等许多潮流和流派,出现了许多优秀的作家作品。比较有名的小说有王蒙[6]的《活动变人形》,阿城的《棋王》,莫言的《红高粱》系列,韩少功的《爸爸爸》、《马桥词典》,贾平凹的"商州"系列小说,苏童的《妻妾成群》,余华的《许三观卖血记》、《活着》,霍达的《穆斯林的葬礼》,凌力的《少年天子》等。

　　中国社会在急剧发展变化着,新的思潮,新的社会问题、社会现象不断地涌现,它们都迅速地成为了小说的重要表现对象。当代小说还在继续发展和进步之中,我们期待着更多更好的作品出现。

> **暗淡**:昏暗,不光明。
> **伤痕**:身体或物体受损害后的痕迹,这里比喻精神上的痛苦。
> **反思**:思考过去的事情,从中总结经验教训。
> **寻根**:寻找根源或祖籍宗族。
> **先锋**:战时率领先头部队迎敌的将领;泛指起先导作用的人。

专业词语

1　**中篇小说**

　　根据作品的篇幅和字数,可以将小说分为微型小说、短篇小说、中篇小说和长篇小说。篇幅字数在一千字左右、两千字以内的是微型小说,两千字以上、三万字以内的是短篇小说,在三万字到十万字之间的叫中篇小说,十万字以上的是长篇小说。

2　**形象**

　　文艺作品中创造出来的生动具体的、激发人们思想感情的生活图景,通常指文学作品中人物的神情面貌和性格特征。

3　**流派**

　　指学术思想或文艺创作方面的派别。

4　**茅盾(1896—1981)**

　　本名沈德鸿,字雁冰,浙江桐乡人,中国现代著名的文学家、文艺理论家。

5　老舍(1899—1966)

原名舒庆春,字舍予,满族,北京人。中国现代著名的小说家。

6　王蒙(1934—　)

河北南皮人。中国当代著名小说家、散文家。

常见句型

一、致力于

◎ 他的小说集《呐喊》、《彷徨》,致力于挖掘现代中国人的精神创伤和病态,深刻揭露了中国社会的病根。

▲ 指把力量集中用于某事。

1. 他一生都在致力于帮助贫困地区的人民脱贫致富。
2. 由于石油、煤等传统能源在几十年后将会被消耗殆尽,很多科学家都在致力于寻找新的能源。
3. 他是一位著名的哲学家,他的一系列著作都在致力于建立一种全新的哲学体系。

二、以……为……

◎ 在以鲁迅为代表的先驱者们为白话小说开辟了道路以后,大批的小说作家涌现出来。

▲ 意思相当于"把……作为……"。

1. 以闻一多、徐志摩为代表的新月派,致力于确立新诗的艺术形式与美学原则,使新诗走向规范化的道路。
2. 以理论家兼诗人胡风为中心,以《七月》等杂志为阵地,形成了一个提倡现实主义和自由诗体的青年诗人群,他们被称为"七月诗派"。
3. 以这个意外发现为契机,科学家们研制出了一种抗癌新药。

三、当推/得数

◎ 他最有名的作品当推长篇小说《子夜》。

▲ 推,推举。数,比较起来最突出。"当推……"、"得数……",都是指出在某方面最突出的人或物。

1. 中国当代最优秀的喜剧演员当推葛优。
2. 要说我们班汉语说的最好的,还得数杰克。

3. 在今天来开会的所有人中,得数小王最高兴了,他老婆刚刚给他生了一个八斤重的大胖小子。

阿 Q 正传

　　鲁迅小说最著名的代表作是《阿 Q 正传》。这篇小说创作于1921—1922年,后来收入《呐喊》集。小说主人公阿 Q 是一个社会最底层的农民,他在与别人的冲突中,永远都是失败者,但是他却对自己的失败命运与奴隶地位采取了辩护与粉饰的态度:或者"闭眼睛",根本不承认自己落后与被奴役,沉醉于没有根据的自尊之中;或者忘却,刚刚挨了打,就忘记一切,而且"有些高兴了";或者向更弱者泄愤,在转嫁屈辱中得到满足;或者自轻自贱,甘于落后与被奴役。在这些都失灵以后,就自欺欺人,在自我幻觉中把现实中真实的失败变成了精神上的虚幻的胜利:说一声"儿子打老子"就"心满意足的得胜了",甚至用力在自己脸上连打两个嘴巴,"仿佛是自己打了别个一般",也就心平气和,天下太平。这种"精神胜利法"非常有代表性,后来被人们称为"阿 Q 精神"。鲁迅自己说,他之所以要写《阿 Q 正传》,是因为要"画出这样沉默的国民的魂灵来"。阿 Q 是中国人品性的结晶,在他身上集中体现了中国国民性的弱点。《阿 Q 正传》不但是对我们民族的自我批判,也揭示了人类精神现象的一个重要侧面,从而具有了超越时代、民族的意义与价值。

中国现当代通俗小说

中华民国刚刚建立的时候,从1912年到1917年,是所谓"鸳鸯(yuānyang)蝴蝶派"文学的繁盛期。鸳鸯蝴蝶派,指的是清末民初专写才子佳人题材的文学派别,属于旧派小说的范畴(fànchóu)。新文学崛起(juéqǐ)之后,旧派小说败退,向俗文学发展。中国现代文学雅、俗分流的格局初步形成了。

社会言情小说的第一个大家是张恨水(1895—1967),原名张心远。他于1924年始到1929年,在《世界晚报》连载《春明外史》而一举成名。这部长篇小说写报馆记者杨杏园和青楼女子梨云、才女李冬青的故事,由此展开当时社会上层、下层各种纷繁的生活画面。他最重要的代表作还有《金粉世家》、《啼笑因缘》等。《金粉世家》写京城的大家族——国务总理金家的盛衰,其主线是七少爷金燕西和出身寒门的女子冷清秋的婚姻悲剧。《啼笑因缘》写平民少爷樊家树与天桥唱大鼓书的少女沈凤喜的爱情悲剧。

比较有名的社会言情小说家还有天津的刘云若(1903—1950),他的代表作是《红杏出墙记》。另外还有秦瘦鸥(1908—1993),代表作是《秋海棠》。

武侠小说是由古代的传奇、公案和清代的侠义小说发展而来的。民国武侠小说的奠基人(diànjīrén)平江不肖生(1890—1957)是湖南平江人,原名向恺然。他于1923年开始在杂志上连载他的两部代表作《江湖奇侠传》和《近代侠义英雄传》,影响很大。另外一位著名的武侠作家是还珠楼主(1902—1961),本名李善基,后名李寿民。他的代表作《蜀山剑侠传》于1932年开始写作,一直到1949年,共写了55集。这部规模巨大的小说创造了一个神奇瑰丽(guīlì)的超现实的世界,写正道的剑仙和邪恶的怪魔间的斗争,文化内容也十分丰富。

其他有名的武侠小说还有顾明道(1897—1944)的

鸳鸯:一种水鸟,雌雄常在一起。常被用来比喻互相深爱的男女。

才子佳人:才华出众的男子和姿容艳美的女人。

范畴:领域,范围。

崛起:突起、兴起。

格局:局势、态势。

连载:分多次连续在报刊上登载一部作品。

青楼:妓(jì)院。

纷繁:头绪多而杂乱。

因缘:缘分。

寒门:贫寒微贱的家庭。

公案:疑难案件。

奠基人:比喻创建某种事业的人。奠基,给建筑物奠定基础。

瑰丽:辉煌、华丽。

《荒江女侠》,(宫)白羽(1899—1966)的《十二金钱镖》、《偷拳》,郑证因(1900—1960)的《鹰爪王》,王度庐(1909—1977)的《卧虎藏龙》,朱贞木的《七杀碑》等等。

受英国柯南道尔的《福尔摩斯探案全集》的影响,民国时代也出现了侦探(zhēntàn)小说,值得一提的有程小青的"霍桑探案"系列、孙了红的"侠盗鲁平"系列。

通俗历史演义小说的代表作家是蔡东藩,他从1916年至1926年,将前后汉到民国的史迹用通俗演义的形式写了一遍,总题《历朝通俗演义》,11种,共计600万字,规模很宏大。

1949年之后至"文革"结束前的很长一段时间里,在内地流行的是通俗化的"革命英雄传奇"的小说模式,而言情、武侠、侦探等传统通俗小说模式则在香港、台湾等地继续发展。在港台的各个通俗小说种类中,以武侠小说的成就最高。金庸、梁羽生、古龙并称为新派武侠小说三大家。

金庸(1923—),原名查良镛(Zhā Liángyōng)。他从1955年开始写武侠小说,到1972年封笔,共写了15种,其中最负盛名的代表作是"射雕(diāo)"三部曲(《射雕英雄传》、《神雕侠侣》、《倚天屠龙记》)和《天龙八部》、《笑傲江湖》、《鹿鼎记》。金庸的武侠小说,情节跌宕(diēdàng)起伏,引人入胜;格局阔大,气象万千。同时,他的小说又包含着深刻的人生哲理和深厚的东方文化内涵,在陶冶(táoyě)读者的性情的同时,给人一种知识上的极大满足。金庸还塑造了一批有血有肉、个性鲜明的人物形象:陈家洛、郭靖、黄蓉、杨过、小龙女、张无忌、萧峰、段誉、令狐冲、韦小宝等,这些形象已经深入人心,让人耳熟能详了。

梁羽生(1922—),原名陈文统,他的小说受传统文化影响非常深,风格儒雅,正气凛然(lǐnrán),代表作有《萍踪侠影》、《白发魔女传》、《七剑下天山》、《云海玉弓缘》等。

古龙(1936—1985),原名熊耀华,他的小说集武侠和侦破于一体,文笔潇洒幽默,善于用简短有力的句子来营造紧张诡秘(guǐmì)的气氛,代表作有"小李飞刀"系列、"楚留香"系列、《绝代双骄》等。

此外比较有名的武侠作家还有温瑞安、黄易等等。黄易的《寻秦记》、《大唐双龙传》等作品有一定的影响力。

侦探:暗中探寻机密或调查案情。
封笔:停止写作。
盛名:很高的名望。
雕:一种大型猛禽(qín)。
跌宕:音调抑扬顿挫或文章富于变化。
引人入胜:引人进入佳境(指风景或文章等)。
气象万千:景象宏伟绚丽,非常壮观。
陶冶:烧造陶器、冶炼金属。比喻给人的性格和思想以有益的影响。
耳熟能详:耳朵听得多了,熟悉得能详尽地说出来。
儒雅:风度文雅。
正气:光明正大的风气。
凛然:严肃而可敬畏的样子。
诡秘:隐秘不易捉摸。

倪匡(Ní Kuāng)的"卫斯理"系列侦探小说,琼瑶、亦舒、席绢等人的言情小说,和武侠小说一起,构成了港台通俗小说多姿多彩的画卷。

大陆在改革开放以后,通俗小说也逐渐发展起来。20世纪80年代后期王朔崛起,以《空中小姐》、《一半是火焰,一半是海水》、《顽主》等小说掀起一片热潮。随着大陆和港、澳、台地区文化交流的日益密切,通俗文艺创作也显现出一种合流的倾向,在创作旨趣、欣赏习惯上,越来越趋同。台湾的言情作家琼瑶多次在大陆把她的小说和剧本,如《还珠格格》等拍成电视剧,并获得很大的成功,就是一个典型的例子。

20世纪90年代末期以后,随着因特网的发展与普及,有许多写手在网上写作通俗小说,并迅速成名。如台湾的痞子蔡写的《第一次的亲密接触》,很快就风靡了海峡两岸。对于这些最近发生的文学现象和产生的文学作品,我们还不能马上给以准确的评论,还需要时间的沉淀(chéndiàn)和耐心的观察。

旨趣:写书的目的与大意。
因特网:Internet.
风靡:形容事物很风行,像风吹倒草木一样。
沉淀:溶液中难溶解的固体物质从溶液中析出,比喻凝聚、积累。

1. 鲁迅在中国小说史上有什么贡献?
2. 你读过哪一本中国现当代小说?向同学们介绍一下。
3. 在纯文学类的小说和通俗小说之间,你更加喜欢读哪一种?为什么?

 综合练习

1. **熟读下列词语**。

开辟道路	从事创作	选择道路	悲剧结局	文学流派
社会问题	初步形成	一举成名	规模宏大	最负盛名
陶冶性情	塑造形象	正气凛然	营造气氛	创作旨趣
欣赏习惯	情节跌宕起伏			

2. 选择合适的词语填空。

> 彷徨　揭露　涌现　反思　先锋　瑰丽　范畴　里程碑
> 气魄　崛起　格局　纷繁　风靡　沉淀　诡秘　奠基人
> 独具一格　引人入胜　气象万千　耳熟能详　千疮百孔　相依为命

(1) 我们的祖国山河壮丽,(　　　)!

(2) 在抗洪救灾的战斗中,(　　　)了许多可歌可泣的英雄事迹。

(3) 他们公司的经理非常有(　　　),在这个项目上一次就投入了2亿元的巨额资金。

(4) 他得知自己的恋人竟然是仇人的女儿,不禁感到十分(　　　)。

(5) "猫王"的音乐(　　　)了全球。

(6) 我们应该好好(　　　)一下,这次行动为什么没有成功。

(7) 在城市的中心,(　　　)了一座100层的摩天大楼。

(8) 他的父亲很早就去世了,只剩下母亲和他(　　　)。

(9) 张飞是一名勇敢过人的大将,每次作战都当(　　　)。

(10) 这个故事太有名了,所有的中国人都(　　　)。

(11) 这部电影的情节真是(　　　),我看了三遍还想看。

(12) 在冷战结束后,原有的国际政治(　　　)解体了,各国之间的关系进行了重新整合。

(13) 这个人的行踪十分(　　　),警方怀疑他就是贩毒集团的大老板。

(14) 那个记者写文章(　　　)了一个大官贪污腐败的事实。

(15) 神舟五号载人飞船的成功发射、回收,在中国航天史上是一件具有(　　　)式意义的大事。

(16) 这座城市在经过残酷的战争之后,已经变得(　　　)了。

3. 句型练习。

(1) 致力于

① 他的小说集《呐喊》、《彷徨》,致力于＿＿＿＿＿＿＿,深刻揭露了中国社会的病根。

② 省政府致力于边远地区道路交通建设,＿＿＿＿＿＿＿。

③ 这位教授多年来一直致力于_____。

④ _____致力于_____。

(2) 以……为……

① 在以_____为代表的先驱者们为白话小说开辟了道路以后,大批的小说作家涌现出来。

② _____姚明_____核心的中国篮球队打入了世界八强。

③ 他不断对吴亮进行造谣中伤,是以_____为目的的。

④ _____以_____为_____。

(3) 当推／得数

① 茅盾最有名的作品当推_____。

② 中国现代最伟大的文学家,得数_____。

③ 我们国家最有名的_____,当推_____。

④ _____,当推／得数_____。

4. **名词解释**。

中篇小说　　形象　　流派　　阿Q

5. **读一部中国现当代的小说,写一篇读后感,说说它有什么艺术特色。不少于300字。**

第三课

中国的新诗

专题报告

中国的新诗

中国的古代诗词是用文言创作、讲究格律[1]的。以胡适[2]为代表的"五四"新诗运动,则主张"作诗如作文",打破诗的格律,换以"自然的音节"("顺着诗意的自然曲折,自然轻重,自然高下");以白话写诗,不仅以白话词语代替文言,而且以白话(口语)的语法结构代替文言语法,并吸收国外的语法,也就是实行语言形式与思维方式两个方面的散文化。从此,中国的新诗走上了健康发展、不断自我完善的道路。

中国现代新诗的奠基作是郭沫若[3]的诗集《女神》,出版于1921年8月。郭沫若反复强调"诗的本职专在抒情",他又强调诗歌的个性化,所以创造自我抒情的主人公形象,就成为《女神》思想艺术的主要追求。郭沫若用赤裸(chìluǒ)、直白的抒情,创造了一个彻底地破坏过去、大胆地创造未来的觉醒的中华民族的自我形象。《女神》创造了自由诗[4]的形式,风格雄奇壮美,想象瑰丽飞动,表现了五四狂飙(kuángbiāo)突进的时代精神。

以闻一多[5]、徐志摩[6]为代表的前期新月派,致力于确立新诗的艺术形式与美学原则,使新诗走向规范化的道路。他们提出了"理性节制情感"的美学原则和诗的形式格律化的主张,明确提出以"和谐"与"均齐"为新诗最重要的审美特征。从这以后,格律体的新诗与自由体的新诗就成为新诗的两种主要诗体,一直互相竞争,又互相渗透,对新诗的发展起了重要的推动作用。徐志摩潇洒不羁(bùjī),才华横溢,他的诗空灵、飘逸(piāoyì),节奏[7]

赤裸:	没有穿衣服。这里比喻毫无遮盖掩饰。
狂飙:	暴风,借指猛烈的潮流或力量。
节制:	限制;控制。
不羁:	不受束缚(fù)。
横溢:	比喻聪明才智等充分表现出来。
空灵:	灵活而不可捉摸。
飘逸:	洒脱自然。

优美,达到了内容与形式的完美统一。徐志摩的代表作《雪花的快乐》、《偶然》、《再别康桥》等,被人广为传诵(chuánsòng)。

20世纪30年代的现代派是由后期新月派与20年代末以李金发为代表的象征诗派演变而成的。现代诗派的首领是戴望舒[8],他的代表作有《雨巷》、《我的记忆》等。《汉园集》三诗人也很有名。《汉园集》是1936年出版的三位青年诗人的合集,内收何其芳的《燕泥集》、李广田的《行云集》和卞之琳的《数行集》。30年代还有一位现实主义的诗人臧克家,他一直坚持为苦难的中国大地和底层人民而呼喊。

艾青[9]崛起于30年代后期,到40年代成为了最有影响的代表诗人。他综合了新诗发展过程中取得的成果,使之达到成熟。他提倡自由体诗,其诗歌的主题,就是对祖国和劳动人民的最深沉的爱,以及对光明、理想、美好生活的热烈的不息的追求。他的诗情是忧郁的,重视感觉和感受,和西方印象派绘画、象征主义诗歌[10]有许多相通之处。代表作有《大堰(yàn)河——我的保姆》、《我爱这土地》、《雪落在中国的土地上》等。

在40年代,出现了不少的诗人和诗歌流派。如在艾青的影响下,以理论家兼诗人胡风为中心,以《七月》等杂志为阵地,形成了一个提倡现实主义和自由诗体的青年诗人群,他们被称为"七月诗派"。另外,还有以冯至为代表的校园诗人群和以穆旦为代表的中国新诗派,等等。

从50年代到70年代,由于政治环境的变化,诗歌强调写实性,而且有着很强的政治性。这一时期比较有代表性的诗人有李季、闻捷、阮章竞、公刘、邵燕祥、李瑛、贺敬之、郭小川等等。

"文革"结束后,艾青等老诗人重新焕发(huànfā)了创作青春。同时,一批青年诗人也出现了。在这些人中间,最引人注目的要算被称为"朦胧(ménglóng)诗人"的北岛、舒婷、顾城、江河、杨炼等人。他们的诗歌打破了长期以来形成的空洞、虚假、陈腐(chénfǔ)的套路,追求个体生命的生存价值,开始了当代诗歌语言的革新。北岛的《回答》、舒婷的《致橡树》、顾城的《一代人》等作品,是"朦胧诗"的代表作。

进入80年代后,各种诗歌流派纷纷兴起,名目繁多,出现了海子、西川、翟永明、欧阳江河、王家新、于坚等诗人,其中影响最大的是海子。海子的抒情短诗有浪漫、梦幻的色彩;他还有七部长诗,被称为"《太阳》七部书",探索人类在当代的整体命运。

进入90年代以后,虽然写诗的人仍然不少,但是诗在中国文学中的位置逐渐边缘化,不再被人们普遍关注。其原因是多方面的。诗歌危机,在历史上曾经多次出现,而这一次,它会持续多久呢?

传诵:传扬诵读。
焕发:光彩四射;振作。
朦胧:不清楚,模糊。
陈腐:陈旧腐朽。
套路:泛指成套的技巧、程式、方法等。
致:给予;向对方表示。

专业词语

1. **格律**
   诗歌于字数、句数、对偶、平仄、押韵等方面的格式和规则。

2. **胡适(1891—1962)**
   字适之,安徽绩溪人。中国现代著名的学者、诗人、作家,新文化运动的发起者。

3. **郭沫若(1892—1978)**
   原名郭开贞,四川乐山人。中国现代著名的诗人、剧作家、学者。中国现代新诗的奠基人。

4. **自由诗**
   又叫自由体诗,指用自由的白话散文句式写成的诗,不讲究传统格律。

5. **闻一多(1899—1946)**
   原名闻家骅,湖北浠水人。中国现代著名的诗人、学者、民主斗士。

6. **徐志摩(1897—1931)**
   名章垿,浙江海宁人。中国现代著名诗人、散文家。

7. **节奏**
   音乐和诗歌中,交替出现的有规律的强弱、长短的现象。

8. **戴望舒(1905—1950)**
   浙江杭州人,中国现代著名诗人。

9. **艾青(1910—1996)**
   原名蒋海澄,浙江金华人。中国现代著名诗人。

10. **象征主义诗歌**
    欧美现代主义文学中最早出现的一个流派。产生于19世纪中叶的法国,然后传播到欧洲其他国家,至20世纪20年代,有了进一步发展,成为国际性文学流派。反对肤浅的抒情和直露的说教,主张情与理的统一,通过象征、暗示、意象、隐喻、自由联想和语言的音乐性去表现理念世界的美和无限性,曲折地表达作者的思想和复杂微妙的情绪、感受。前期代表作家有法国的波德莱尔、魏尔伦、兰波、马拉美等人;后期代表作家有法国的瓦雷里、奥地利的里尔克、爱尔兰的叶芝、美国的庞德、英国的艾略特、比利时的梅特林克等。

常见句型

一、A……，(而)B 则……

◎ 中国的古代诗词是用文言创作、讲究格律的。以胡适为代表的"五四"新诗运动，则主张"作诗如作文"，打破诗的格律，换以"自然的音节"。

▲ 这个句型常常用来表示两种不同情况的对比。"则"用于第二个分句中。第二个分句前常常用"但"、"而"等词与"则"相呼应。

1. 我哥哥喜欢看美国电影，我则喜欢看欧洲电影。
2. 这件衣服很便宜，而它旁边的那件则非常贵。
3. 我的英语说得很流利，法语则不怎么样。

二、也就是

◎ 以白话写诗，不仅以白话词语代替文言，而且以白话(口语)的语法结构代替文言语法，并吸收国外的新语法，也就是实行语言形式与思维方式两个方面的散文化。

▲ 对前面说的内容做进一步的补充说明，或者用简单明了的语句总结上面的话。

1. 去年 7 月 2 日，也就是我到公司工作的第一天，我认识了她。
2. 她的丈夫是陈永明，也就是这家公司的董事长。
3. 这首歌每个中国人都很熟悉。它是《义勇军进行曲》，也就是中国的国歌。

三、由……演变而成 / 发展而来

◎ 20 世纪 30 年代的现代派是由后期新月派与 20 年代末以李金发为代表的象征诗派演变而成的。

▲ 说明事物发展演变的源头。

1. 我校的教师合唱团，是由一个教师们自发组织的业余合唱队发展而来的。
2. 现在这个巨大的跨国公司，是由一个很小的公司发展而成的。
3. 最近这两个国家的贸易战，是由不断升级的贸易摩擦演变而成的。

专业知识

新月派闻一多的新诗理论

和"理性节制情感"的美学原则相适宜,新月派明确提出以"和谐"与"均齐"为新诗最重要的审美特征。而作为依据的,正是中国的诗歌传统。早在1922年闻一多即写了《律诗底研究》,此为"五四"运动以后,较早用新的方法、系统研究中国诗歌的民族传统的论作。文章明确指出,"抒情之作,宜整齐也","中国艺术中最大的一个特质是均齐,而这个特质在其建筑与诗中尤为显著。中国底这两种艺术底美可说就是均齐底美——即中国式的美"。正是为了创立"中国式"的新诗,闻一多进一步提出了"新诗格律化"的主张,鼓吹诗的"三美",即"音乐美,绘画美,建筑美"。

在晚清时候,梁启超提倡"诗界革命",把目标确定为"以旧风格含新意境",只是引入几个新名词,却拒绝对传统格律与文言语法进行任何变革。这种"革命"并不彻底,所以取得的成就有限。新月派提倡新诗格律化,绝非重复梁启超式的简单保留旧格律、古风格,闻一多曾这样明确划清了新、旧格律的区别:"律诗永远只有一个格式,但是新诗的格式是层出不穷的";"律诗的格律与内容不发生关系,新诗的格式是根据内容的精神制造成的";"律诗的格式是别人替我们定的,新诗的格式可以由我们的意匠来随时构造"。这是借鉴西洋与中国的传统格律,根据现代汉语的特点,所进行的新的创造:闻一多于"音乐美"(强调"有音尺,有平仄,有韵脚")之外,还要有"建筑美"(强调"有节的匀称,有句的均齐"),就是因为"我们的文字是象形的,我们中国人鉴赏文艺的时候,至少是有一半的印象是要靠眼睛来传达的","绘画美"的强调也是考虑了中国诗画相通的传统。新月派诗人也用了很大的力气来进行西方格律诗的转借,其中有得也有失。

总的说来,新诗格律化的倡导,纠正了早期新诗创作过于散漫自由、创作态度不严肃造成的一定程度的混乱局面,使新诗趋于精练与集中,具有了相对规范的形式,巩固了新诗的地位。

(根据钱理群、温儒敏、吴福辉,《中国现代文学三十年(修订本)》,北京大学出版社,1998年7月,第六章相关部分改写。题目是编者所加。)

阅读

天　狗

郭沫若

一

我是一条天狗呀!
我把月来吞了,
我把日来吞了,
我把一切的星球来吞了,
我把全宇宙来吞了。
我便是我了!

二

我是月底光,
我是日底光,
我是一切星球底光,
我是 X 光线底光,
我是全宇宙底 Energy 底总量!

三

我飞奔,

> 底:的。

我狂叫，
我燃烧。
我如烈火一样地燃烧！
我如大海一样地狂叫！
我如电气一样地飞跑！
我飞跑，
我飞跑，
我飞跑，
我剥我的皮，
我食我的肉，
我嚼我的血，
我啮(niè)我的心肝，
我在我神经上飞跑，
我在我脊髓(jǐsuǐ)上飞跑，
我在我脑筋上飞跑。

四
我便是我呀！
我的我要爆了！

啮：用嘴咬。
脊髓：人和脊椎动物中枢神经系统的一部分，在脊椎内，两旁分出许多对神经到躯干和肢体的各个部位。

1920年2月初作
(选自1920年2月7日《时事新报·学灯》)

再别康桥

徐志摩

轻轻的我走了，
　正如我轻轻的来；
我轻轻的招手，
　作别西天的云彩。

那河畔(pàn)的金柳，
　是夕阳中的新娘；
波光里的艳影，
　在我的心头荡漾(dàngyàng)。

康桥：Cambridge. 今天译为"剑桥"，英国城市。
畔：旁边。
荡漾：飘荡；起伏不定。

软泥上的青荇(xìng),
　　油油的在水底招摇;
在康河的柔波里,
　　我甘心做一条水草!

那榆(yú)荫(yīn)下的一潭,
　　不是清泉,是天上虹
揉(róu)碎在浮藻(zǎo)间,
　　沉淀着彩虹似的梦。

寻梦?撑一支长篙(gāo),
　　向青草更青处漫溯(sù),
满载一船星辉,
　　在星辉斑斓(bānlán)里放歌。

但我不能放歌,
　　悄悄是别离的笙(shēng)箫(xiāo);
夏虫也为我沉默,
　　沉默是今晚的康桥。

悄悄的我走了,
　　正如我悄悄的来;
我挥一挥衣袖,
　　不带走一片云彩。

荇:一种多年生水生草本植物。
榆:一种落叶乔木。
荫:树木等在阳光照射下所投下的阴影。
揉:用手来回擦或搓。
藻:泛指生长在水中的绿色植物。
篙:撑船用的竿。
漫:不受约束,随意的。
溯:逆着水流的方向走。
斑斓:色彩错杂灿烂的样子。
笙:一种管乐器。
箫:一种管乐器。

十一月六日中国海上
(选自《猛虎集》,新月书店,1931年版)

雨　巷

戴望舒

撑着油纸伞,独自
彷徨在悠长,悠长
又寂寥(jìliáo)的雨巷,

寂寥:寂静;无人陪伴的,独自一人的。

我希望逢着
一个丁香一样地
结着愁怨的姑娘。

她是有
丁香一样的颜色，
丁香一样的芬芳，
丁香一样的忧愁，
在雨中哀怨，
哀怨又彷徨；

她彷徨在这寂寥的雨巷，
撑着油纸伞
像我一样，
像我一样地
默默彳亍(chìchù)着
冷漠，凄清，又惆怅(chóuchàng)。

她静默地走近
走近，又投出
太息一般的眼光，
她飘过
像梦一般地，
像梦一般地凄婉(qīwǎn)迷茫。

像梦中飘过
一枝丁香地，
我身旁飘过这女郎；
她静默地远了，远了，
到了颓圮(tuípǐ)的篱(lí)墙，
走尽这雨巷。

在雨的哀曲里，
消了她的颜色，

> **丁香**：一种植物，花紫色或白色，有香气。
> **彳亍**：慢步走，走走停停。
> **惆怅**：伤感；愁闷；失意。
> **太息**：叹息，叹气。
> **凄婉**：哀伤。
> **颓圮**：塌坏；坍塌(tāntā)。
> **篱**：篱笆。用竹、苇或树枝等编成的遮拦(zhēlán)物，以保护场地。

散了她的芬芳,
消散了,甚至她的
太息般的眼光,
丁香般的惆怅。

撑着油纸伞,独自
彷徨在悠长,悠长
又寂寥的雨巷,
我希望飘过
一个丁香一样地
结着愁怨的姑娘。

(选自《小说月报》1928年8月号)

断　章

卞之琳

你站在桥上看风景,
看风景人在楼上看你。

明月装饰了你的窗子,
你装饰了别人的梦。

十月三日

(选自《鱼目集》,文化生活出版社,1935年版)

我爱这土地

艾　青

假如我是一只鸟,
我也应该用嘶哑(sīyǎ)的喉咙(hóulóng)歌唱:
这被暴风雨所打击着的土地,
这永远汹涌(xiōngyǒng)着我们的悲愤的河流,
这无止息地吹刮着的激怒的风,
和那来自林间的无比温柔的黎明……

嘶哑：嗓音沙哑不圆润，甚至发不出声来。
喉咙：咽喉。
汹涌：水势翻腾上涌。
止息：停止；平息。

——然后我死了,
连羽毛也腐烂(fǔlàn)在土地里面。

为什么我的眼里常含泪水?
因为我对这土地爱得深沉……

腐烂:烂掉,朽坏。

1938年11月17日
(选自《北方》,文化生活出版社,1979年版)

乡　愁
余光中

小时候
乡愁是一枚小小的邮票
我在这头
母亲在那头

乡愁:思念家乡的忧愁心情。

长大后
乡愁是一张窄窄的船票
我在这头
新娘在那头

后来呵
乡愁是一方矮矮的坟墓
我在外头
母亲呵在里头

而现在
乡愁是一湾浅浅的海峡
我在这头
大陆在那头

(选自《白玉苦瓜》,台湾大地出版社,1974年版)

致橡树

舒 婷

我如果爱你——
绝不像攀援(pānyuán)的凌霄花(língxiāohuā)
借你的高枝炫耀(xuànyào)自己；
我如果爱你——
绝不学痴情(chīqíng)的鸟儿
为绿荫重复单调的歌曲；
也不止像泉源，
长年送来清凉的慰藉(wèijiè)；
也不止像险峰，
增加你的高度，衬托你的威仪。
甚至日光。
甚至春雨。
不，这些都还不够！
我必须是你近旁的一株木棉，
作为树的形象和你站在一起。
根，紧握在地下，
叶，相触在云里。
每一阵风过，
我们都互相致意，
但没有人
听懂我们的言语。
你有你的铜枝铁干
像刀、像剑，
也像戟(jǐ)；
我有我红硕的花朵，
像沉重的叹息，
又像英勇的火炬。
我们分担寒潮、风雷、霹雳(pīlì)，
我们共享雾霭(wù'ǎi)、流岚(lán)、虹霓(hóngní)。
仿佛永远分离，
却又终身相依。

攀援：抓着东西向上爬，这里比喻投靠有钱有势的人往上爬。
凌霄花：一种落叶藤本植物。
炫耀：夸耀。
痴情：多情达到痴心的程度。
慰藉：安慰；抚慰。
威仪：仪表威武严肃。
戟：古代一种分枝状兵器，可勾可刺。
寒潮：从寒冷地带吹来的冷空气。
霹雳：又急又响的雷。
雾霭：雾气。
岚：山中的雾气。
虹霓：雨后天空出现的弧形彩晕。主虹称虹，副虹称霓。

这才是伟大的爱情，
坚贞就在这里：
爱——
不仅爱你伟岸的身躯，
也爱你坚持的位置，足下的土地。

坚贞：不改变节操。
伟岸：身材高大挺拔。

1977年3月27日
（选自《诗刊》1979年第4期）

一代人

顾 城

黑夜给了我黑色的眼睛
我却用它寻找光明

（选自《黑眼睛》，人民文学出版社，1986年版）

面朝大海，春暖花开

海 子

从明天起，做一个幸福的人
喂马、劈柴，周游世界
从明天起，关心粮食和蔬菜
我有一所房子，面朝大海，春暖花开

眷属：家眷，亲属；夫妻。

从明天起，和每一个亲人通信
告诉他们我的幸福
那幸福的闪电告诉我的
我将告诉每一个人

给每一条河每一座山取一个温暖的名字
陌生人，我也为你祝福
愿你有一个灿烂的前程
愿你有情人终成眷属(juànshǔ)

愿你在尘世获得幸福
我只愿面朝大海,春暖花开

1989年1月13日
(选自《海子的诗》,人民文学出版社,1995年版)

讨论题

1. 谈谈现代诗和古诗有什么不同。
2. 什么是新诗的格律化?你认为从诗歌的形式来说,是自由体的诗好,还是新格律诗好?
3. 请两位同学任选阅读材料中的两首诗,在课堂上大声朗读,然后所有的同学来讨论,这两首诗好不好?为什么?

综合练习

1. 熟读下列词语。

语法结构	思维方式	健康发展	雄奇壮美	狂飙突进
时代精神	美学原则	审美特征	互相渗透	才华横溢
节奏优美	广为传诵	政治环境	焕发青春	普遍关注

2. 选择合适的词语填空。

| 赤裸 | 节制 | 不羁 | 空灵 | 飘逸 | 传诵 | 朦胧 | 陈腐 | 慰藉 |
| 荡漾 | 斑斓 | 寂寥 | 惆怅 | 汹涌 | 乡愁 | 攀援 | 炫耀 | 痴情 |

(1) 他父亲给他买了一辆名牌汽车,他得意地到处向人(　　　)。

(2) 毫无(　　　)的暴饮暴食,会使人变得肥胖。

(3) 听说自己的初恋女友结婚了,他心里有些(　　　)。

(4) 月亮在薄薄的云中穿行,看上去显得非常(　　　)。

(5) 春天的田野里,许多色彩(　　　)的蝴蝶在翩翩飞舞。

(6) 虽然日子过得很苦,但是两个孩子都争气,学习成绩很好,这让她心中得到了许多(　　　)。

(7) 登山家们在陡峭的冰岩上艰难地向上（　　　　）。

(8) 她一袭白裙，长发披肩，微风吹来，真是（　　　　）极了。

(9) 狂怒的大海波涛（　　　　），小船在海面上剧烈地晃动。

(10) 杨过的性格狂放（　　　　），不受世俗道德准则的束缚，但同时又非常（　　　　），一心一意地爱着他的师父小龙女。

(11) 出国已经两年了，在这（　　　　）的秋夜，偶然看到从前的照片，又一次勾起了我的（　　　　）。

(12) 李白、杜甫的优秀诗篇，被中国人民代代（　　　　）。

3. 句型练习。

(1) A……，（而）B 则……

① 中国的古代诗词是用文言创作、讲究格律的。以胡适为代表的"五四"新诗运动，则_____。

② 我喜欢看美国电影，而他则_____。

③ 坐飞机太贵了，_____。

④ _____，_____则_____。

(2) 也就是

① 以白话写诗，不仅以白话词语代替文言，而且以白话（口语）的语法结构代替文言语法，并吸收国外的新语法，也就是_____。

② 明天我要去日本的首都，也就是_____。

③ 这本书的作者_____，也就是_____。

④ _____，也就是_____。

(3) 由……演变而成／发展而来

① 20世纪30年代的现代派是由_____演变而成的。

② 笔记本电脑是由台式电脑_____。

③ 这个详细的计划是由_____。

④ _____是由_____演变而成。

⑤ _____是由_____发展而来。

4. **名词解释**。

   格律　《女神》　新月派　自由诗　节奏　艾青　朦胧诗

5. **从阅读材料中选出你最喜欢的一首诗，写一篇不少于 200 字的短文，说说你为什么喜欢这首诗。**

第四课

中国的戏剧

专题报告

中国古代戏曲

中国古代的戏曲和西方的戏剧不同，前者是"曲"的传统，后者是"诗"的传统。前者讲究音乐性，以"曲"为舞台运动的承载基础，讲究迂回(yūhuí)、婉转、起伏与流畅，讲究情感抒发；后者讲究"行动"、"冲突"、"激变"、"高潮"之类以动作为核心的展开方式。"曲"是吟唱的，"诗"是朗诵的。中国戏曲的"曲"的规定，决定了中国戏曲是一种"唱"出来的戏剧，正所谓"唱戏"。当20世纪初西方戏剧引入中国的时候，为了显著地区分二者，中国戏剧家特地为外来的戏剧取名叫"话剧"。仅从字面上就可以看出，西方戏剧是"说"的，中国戏曲是"唱"的。

中国古代的戏曲有一个漫长的产生过程，但是真正成型，是在北宋(960—1127)后期。宋代出现了"杂剧"和"诸宫调"[1]。后来，在南方发展出"南戏"；在北方发展出"北杂剧"，到元代的时候进一步发展为元杂剧(元曲)。

曲，又分为散曲和剧曲两种。散曲，是继诗、词之后出现的一种新的诗体，是比较短小的单篇作品(如马致远的《天净沙·秋思》)，有很多不同的曲牌[2]；而剧曲则是专供舞台表演的杂剧脚本，是由若干套曲子组成的。

元代出现了戏曲创作的高峰。当时最伟大的戏剧家是关汉卿(Guān Hànqīng)[3]，他的杂剧名作《窦娥(Dòu É)冤》写一个年轻女子窦娥遭人诬陷(wūxiàn)，被官府处死。她的鬼魂(guǐhún)托梦给自己的父亲，父亲再审此案，使她的沉冤得以

承载：承受支撑。
迂回：回旋，环绕。
婉转：说话含蓄、曲折而温和。
高潮：涨潮时达到的最高水位；叙事文学中矛盾冲突发展到最紧张、最尖锐的阶段。
特地：特意。
诬陷：捏造罪状以陷害他人。
鬼魂：死人的灵魂。
沉冤：长期未得到改正的冤案。

昭雪。该剧揭露了社会的黑暗,反映了下层人民的疾苦。关汉卿的剧作还有《救风尘》、《望江亭》、《单刀会》等。

王实甫[4]的杂剧《西厢记》影响极大,也是被改编上演最多的古典戏曲剧本。故事说的是,书生张君瑞进京赶考路上,遇到了美丽的崔莺莺(Cuī Yīngyīng),两人萌发(méngfā)了热烈的爱情,但是遭到了崔莺莺母亲的极力阻挠(zǔnáo)。张、崔二人在丫环红娘的帮助下,与老夫人进行了多次斗争,最后张生考取状元归来,终于与崔莺莺完婚。该剧在封建时代积极主张男女婚恋自由,高喊出"愿普天下有情的都成了眷属"的口号。而助成好事的红娘,更是成了中国百姓中家喻户晓的人物。从此,中国人就把促成男女婚姻的人叫做"红娘"了。

元杂剧的优秀剧目很多,值得一提的还有马致远的《汉宫秋》、郑光祖的《倩女离魂》、白朴的《梧桐雨》、纪君祥的《赵氏孤儿》等。

到了元末明初,南方的南戏也进入了一个新的繁荣期,代表作是高明的《琵琶记》,另外还有四部有影响的剧目:《荆钗记》、《刘知远白兔记》、《拜月记》和《杀狗记》,简称"荆刘拜杀"。南戏最初比较简单、粗陋(cūlòu),但是经过长期发展以后,逐渐吸取了北杂剧的精华和优点,日渐成熟完善,表现力越来越强,到了明朝以后,最终发展为"传奇"[5],取代了北杂剧的正统地位。明代和清代前期,戏曲的主体都是传奇。到明代中期,南戏形成了所谓"四大声腔(shēngqiāng)",即余姚腔、海盐腔、弋阳(Yìyáng)腔和昆山腔,其中昆山腔经过魏良辅、梁辰鱼等人的革新,最终获得了各阶层人民的喜爱,发展壮大为一种全国性的大剧种。

明代最伟大的传奇剧作家是汤显祖[6],他的代表作是《牡丹亭》。剧情是说,少女杜丽娘在梦中遇见了书生柳梦梅,竟然相思成疾,郁郁而死。柳梦梅路过杜丽娘家时,她的魂魄(húnpò)与他幽会。柳梦梅掘开杜丽娘的坟墓,她竟然起死回生。经过一番周折,他们终于结成了美好的婚姻。这部文辞典雅优美的浪漫主义作品,批判了"存天理、灭人欲"的封建礼教,歌颂了生死不渝(yú)的伟大的爱情,赞美了个性的解放,强调人应该主宰自己的命运。

昭雪:洗雪冤屈,推翻诬陷不实之辞,恢复名誉。
萌发:开始发芽。比喻事物的开端。
阻挠:阻止或暗中破坏,使不能发展或成功。
状元:科举考试中,殿试考取第一名的人。
家喻户晓:家家都明白,户户都知道。
剧目:戏剧的名目。
粗陋:粗糙而简陋。
日渐:一天一天逐渐地。
正统:党派、学派等从创建以来一脉相传的嫡派。
郁郁:形容忧伤苦闷。
魂魄:迷信的人指附在人体内可以脱离人体存在的精神。
幽会:相爱的男女秘密相会。
礼教:礼仪教化,特指旧传统中束缚人的思想行动的礼节和道德。
渝:改变。
主宰:主管;支配。

清朝的康熙年间,出现了两部影响巨大的传奇作品——洪昇(Hóng Shēng)[7]的《长生殿》和孔尚任[8]的《桃花扇》。《长生殿》写唐玄宗和杨贵妃的爱情悲剧。《桃花扇》依托明代末年才子侯方域与名妓李香君的爱情故事,全景式地展现了南明小朝廷亡国的悲剧。由于这两部戏的伟大成就,洪昇、孔尚任被并称为"南洪北孔"。清朝著名的传奇作家还有李玉、李渔等。

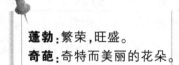

蓬勃:繁荣,旺盛。
奇葩:奇特而美丽的花朵。

清朝中期以后,昆腔的剧本写得越来越文雅高深,普通百姓越来越难听懂了。而与此同时,各地的地方戏蓬勃(péngbó)发展,受到了广大人民的喜爱。昆曲被称为"雅部",而各地方戏则被统称为"花部",又叫"乱弹"。花部与雅部发生了激烈的竞争。虽然统治者大力支持雅部,打击花部,但是花部凭借其新鲜和旺盛的生命力,不断提高和丰富,最终战胜了雅部。

在花雅之争中,发生了一件重要的事情。乾隆五十五年(1790),安徽戏班三庆班到北京为乾隆皇帝祝贺八十大寿,后来四喜、春台、和春三个徽班也紧跟着进京,这就是著名的"四大徽班进京"。徽班演唱的声腔以二簧与西皮结合为主(皮簧腔),同时吸收其他声腔的优点,采用北京语言,适应北京风俗,逐渐形成了京剧。此后又经过无数艺人的不断努力和发展,京剧在全国流行开来,成为影响最大的剧种,而昆曲则逐渐衰落下去。

除了京剧以外,其他地方戏也不断发展,直到今天仍然活跃在舞台上。据统计,现在中国至少有300种以上的戏曲剧种,其中比较有名的有黄梅戏、越剧、豫剧、评剧、川剧、粤(yuè)剧、徽剧、秦腔、河北梆子等。中国戏曲这支古老的奇葩(qípā),仍然在不断焕发出青春的光彩。

专业词语

1 诸宫调

宋、金、元的一种说唱文学,以韵文为主要组成成分,夹杂散文说白,叙述一个故事。韵文部分用不同宫调的多组套曲连成很长的篇幅。如金朝董解元的《西厢记诸宫调》。

2 曲牌

曲的调子的名称,如"滚绣球"、"一枝花"等。

3 关汉卿(1225—1300)

字汉卿,号已斋叟。大都(今北京)人。元代伟大的剧作家。

4　王实甫

名德信,大都人,生卒年与生平事迹均不详。元代著名剧作家。

5　传奇

(1)特指唐代的短篇文言小说。第5课中的"传奇"就是这个概念。(2)宋元南戏在明代规格化、文雅化、声腔化和全国化之后,"传奇"渐渐成为不包括杂剧在内的明清中长篇戏剧的总称。本课的"传奇"就是这个概念。

6　汤显祖(1550—1616)

字义仍,号海若,别号若士,晚年自号茧翁,自署清远道人,江西临川人。明朝伟大剧作家,被后人称为"东方的莎士比亚"。

7　洪昇(1645—1704)

字昉思,号稗畦,钱塘(今浙江省杭州市)人。清朝著名戏剧家。

8　孔尚任(1648—1718)

字聘之,号东塘,曲阜人。清朝著名戏剧家。

常见句型

一、前者/后者

◎ 中国古代的戏曲和西方的戏剧不同,前者是"曲"的传统,后者是"诗"的传统。

▲ 这个句型用来分别说明前面提到的两种事物。先提到的事物是"前者",后提到的事物是"后者"。

1. 中国现代文学和中国当代文学这两个概念是不同的。前者是指1917年初文学革命到1949年之间的中国文学,后者是指1949年中华人民共和国建立至今的中国文学。
2. 主持人问那个女孩子,美丽与智慧,如果只能选一个的话,她会选择哪一个?她回答说,她选择后者。
3. 孟子和荀子对人性的看法完全不一样。前者主张人性本善,而后者则认为人性本恶。

二、……之类

◎ ……后者讲究"行动"、"冲突"、"激变"、"高潮"之类以动作为核心的展开方式。

▲ 列举有相同之处的事物。

1. 我喜欢足球、篮球、排球之类的体育运动,而跳高、跳远、长跑之类的田径运动我不太喜欢,我觉得它们太单调了。
2. 国庆节的时候,长城、天安门、颐和园之类的著名旅游景点,都挤得人山人海,咱们可别去凑那个热闹。
3. 经济、法律、计算机之类的热门专业,报考的人非常多。

三、正所谓

◎ 中国戏曲的"曲"的规定,决定了中国戏曲是一种"唱"出来的戏剧,正所谓"唱戏"。

▲ 在"正所谓"后面往往是一句成语、俗语或大多数人都知道的古代诗句,用它来对上文做总结、强调或补充说明。

1. 这个作恶多端的罪犯终于得到了法律的制裁,正所谓"善有善报,恶有恶报"。
2. 这个麻烦是你自己造成的,最终也必须你自己去解决,正所谓"解铃还须系铃人"。
3. 没想到在这个最不希望遇见他的时候遇见了他,正所谓"不是冤家不碰头"。

四、继……之后

◎ 散曲,是继诗、词之后出现的一种新的诗体。

▲ 相当于"在……之后",不过更加强调前后事件的延续性和内在联系。

1. 继夺取全国冠军、亚洲冠军之后,他又夺得了世界冠军。
2. 继《大汉天子》、《神雕侠侣》之后,他又主演了电视剧《鹿鼎记》。
3. 汉武帝刘彻是汉代继高祖、文帝、景帝之后的又一位伟大的君主。

专业知识

京剧的行当

戏曲舞台上的角色并不是以生活中的本来面貌出现,而是根据角色的特征,在化妆、服饰等方面加以艺术概括和艺术夸张,形成若干类型,在中国戏曲中,这种人物类型的专业术语就叫"行当(hángdàng)",不同行当的演唱方法、表演技术等,都有各自不同的特点。

中国戏曲表演有行当之分由来已久,从唐朝的"参军戏"就已经开始了。京剧的行当的划分和归类,经过了几次变化,最终确定为生、旦、净、丑四大行当。每一个大的行当中,还可以再做更加细密的划分。

生行,是扮演男性角色的行当,包括老生、小生、武生、红生、娃娃生等几个门类。老生又称"须生"、"正生"、"胡子生",一般都是富有正义感的男性中年或老年人物,人物形象以挂"黑髯口(ránkǒu)"(黑胡子)为主。小生主要扮演青少年男子,化妆不带胡须,扮相清秀、英俊。武生扮演擅长武艺的青壮年男子。红生指勾红脸的老生,主要扮演关羽、赵匡胤(Zhào Kuāngyìn)等角色。娃娃生专门扮演儿童的角色。

旦行,是扮演女性角色的行当,又分为正旦、花旦、花衫、刀马旦、武旦、老旦等专行。正旦,俗称"青衣",因所扮演的角色常穿青色褶子(zhězi)而得名,主要扮演庄重的青年、中年妇女。花旦,大多扮演青年女性,人物性格大多活泼开朗,动作敏捷伶俐。刀马旦,大多扮演擅长武艺的青壮年妇女,武打不如武旦激烈,不用"打出手"(即抛、掷、踢、接武器的特技表演),较重唱、做和舞蹈。武旦,扮演擅长武打、勇武的女性,表演上着重武打,特别是使用特技"打出手"。花衫是20世纪20年代以后,综合青衣、花旦、刀马旦的艺术特点,发展而成的新的旦角类型。老旦专门扮演老年妇女的角色。

净,又称"花脸"、"花面",主要扮演在性格、品质或相貌方面具有突出特点的男性人物,分为正净、副净和武净三类。正净俗称"大花脸",又称为"唱功花脸",扮演的人物多是性格刚正的正面角色。副净俗称"二花脸",因以工架、念白、表演做功为主,故又称为"架子花脸"、"架子花",扮演的多是性格粗豪爽直的人物。武净,俗称"武花脸"、"武二花",因表演时以跌扑摔打为主,所以又称"摔打花脸"。

丑,俗称"小花脸"、"三花脸",因化妆时在鼻梁上抹一小块白粉,故而以"丑"为名,多演伶俐幽默或阴险狡猾的角色,分为文丑、武丑两种。文丑扮演京剧中的各类诙谐人物。武丑俗称"开口跳",扮演擅长武艺、性格机警、语言幽默的男性人物。

曹禺和他的话剧

曹禺(Cáo Yú)(1910—1996)，原名万家宝，生于天津一个官僚(guānliáo)家庭。他是一个天才的戏剧家，是中国现代话剧艺术成就的最高代表。

曹禺从小就有机会欣赏中国的传统戏曲，在称为中国话剧运动摇篮的南开中学又获得了丰富的舞台实践经验，在清华大学西洋文学系就读时，更是广泛接触了从莎士比亚、易卜生到契诃夫(Qìhēfū)、奥尼尔的西方戏剧，不倦地探讨着戏剧艺术。1933年夏秋之间，曹禺在从清华大学毕业前夕，写出了四幕话剧《雷雨》。这部处女作竟然成了他影响最大的作品，也是中国现代话剧成熟的标志。

《雷雨》写资本家周朴园家和下层劳动者鲁家前后30年复杂的矛盾纠葛，全剧交织着"过去的戏剧"(周朴园与侍萍"始乱终弃"的故事，作为后母的繁漪(Fányī)与周家长子周萍恋爱的故事)与"现在的戏剧"(繁漪与周朴园的冲撞，繁漪、周萍、四凤、周冲之间的感情纠葛，周朴园与侍萍的相逢，周朴园与鲁大海的冲突)，同时展现着下层妇女(侍萍)被离弃的悲剧，上层妇女(繁漪)个性受压抑的悲剧，青年男女(周萍、四凤)得不到正常的爱情的悲剧，青春幻梦(周冲)破灭的悲剧，以及劳动者(鲁大海)反抗失败的悲剧，血缘的关系与阶级的矛盾相互纠缠(jiūchán)，所有的悲剧最后都归结于"罪恶的渊薮(yuānsǒu)"——作为具有浓厚封建色彩的资产阶级家庭的家长的象征

官僚：官员；官吏。
摇篮：可以摇摆的婴儿床，比喻幼年或青年时代的生活环境或文化、运动等的发源地。
莎士比亚：William Shakespeare (1564—1616)，英国伟大戏剧家、诗人。
易卜生：Henrik Ibson (1828—1906)，挪威伟大戏剧家，被誉为现代戏剧之父。
契诃夫：Антон Павлович Чехов (1860—1904)，俄国著名戏剧家、小说家。
奥尼尔：Eugene O'Neill (1888—1952)，美国著名剧作家。
幕：戏剧或歌剧中按剧情划分的段落之一。
处女作：第一件作品。
始乱终弃：开始加以玩弄，后来就遗弃了。多指男子玩弄女性的邪恶行为。
纠缠：绕在一起；搅扰，找人的麻烦。
渊薮：比喻人或事物集中的地方。渊，深水，鱼聚集的地方。薮，水边的草地，兽聚集的地方。

(代表)的周朴园。而戏剧的结尾,无辜(wúgū)的年轻的一代都死了,只留下了对悲剧性的历史有着牵连的年老的一代;这就更加强化了对"不公平"的社会(与命运)的控诉力量。

从1935年到1937年,曹禺又接连写出了《日出》和《原野》两剧,又都取得了巨大的成功。

《日出》围绕着交际花陈白露的人生悲剧,同时展现了现代大都市的两个典型的环境:高级大旅馆与三等妓院。曹禺用极其简洁的笔法勾勒(gōulè)了出入于其间的众生相,并且把他们分为"不足者"与"有余者"两个对立的世界,以表达他对现代都市所奉行的"损不足以奉有余"的"人之道"的抗争。那些"不足者"的悲剧命运,引起观众巨大的同情;而那些"有余者"却都是可笑的,他们是一群"生活在狭的笼里面洋洋地骄傲着"的"可怜的动物":他们自认为有钱有势,在这个社会上"混"得不错,仿佛主宰着自己的命运,却被一种更大的、连自己也弄不清楚的力量支配着,捉弄着。这又体现了剧作家对于人生普遍的"被捉弄"的困境的一种悲悯(bēimǐn)。

《原野》写的是一个复仇的故事。仇(Qiú)虎从监狱里逃出,准备向仇人焦阎王复仇,可是焦阎王已经死去,只剩下瞎了眼的焦母,性格懦弱(nuòruò)的焦大星和尚在摇篮中的小黑子。仇虎在经过了强烈的内心斗争之后,还是杀死了焦大星,并借焦母之手击杀了无辜的小黑子。此后仇虎被内心深处的有罪感折磨,陷入了灵魂的分裂和挣扎,反而被焦母追赶到了原始森林中,并出现了精神幻觉,最终困死在林中。几十年后,曹禺谈到《原野》时,强调说:"(它)是讲人与人的极爱和极恨的感情,它是抒发一个青年作者情感的一首诗。"

1940年,曹禺创作了他的第四部杰作《北京人》。主人公曾文清是北平一个没落的封建家庭的长子,他染受了过度的腐烂的北平士大夫文化,陷入了无可救药的怯懦(qiènuò)、颓废与懒散之中,从人变成了一具生命的空壳。而曾经和他互相暗恋着的表妹愫(Sù)芳,在发现他在精神上已经死去之后,由绝望而觉醒,毅然从这个大家庭出走了。曹禺在对没落士大夫的"北京文化"进行了历史的否定的同时,又突发奇想,让人类的祖先——"远古北京人"(中国猿人)从天而降,同时又精心设置了人类学者袁任敢和他的女儿袁园这样的"明日北京人"的形象——他们代表了同样发源于北京的"科学、民主"的"五四"新文化。在历史的参照对比

无辜:清白无罪的。
牵连:关联;联系。
控诉:向有关机关或公众陈述受害经过、受害事实。
交际花:在社交场中活跃而有名的女子(含轻蔑意)。
勾勒:用简练的文笔叙述大概情况。
损不足以奉有余:损害那些生活资料不足的人,去奉献给那些有多余的人。
悲悯:哀伤而同情。
懦弱:软弱无能。
没落:衰落,衰败。
怯懦:胆小懦弱。
猿人:保留着猿类某些特征的原始人。

中,更显出"今日北京人"的生存方式及其所代表的封建士大夫文化的全部荒谬(huāngmiù)性。

写于1942年的《家》是从巴金的同名小说改编过来的,是一次极富创造力的"再创作"。表现的重心转移了,不仅从以觉慧的反抗为中心转向以觉新、瑞珏(Ruìjué)、梅小姐三个人物的关系为主要发展线索,而且剧作家对他们爱情生活的关注与描写的重点,已经主要不是悲剧性内容的揭示,而是努力发掘生命的美。这是一曲"青春的赞歌",也是创作"诗剧"的自觉尝试。

从1933—1942年的十年间,曹禺即为中国现代话剧奉献了《雷雨》、《日出》、《原野》、《北京人》、《家》五个堪称(kānchēng)经典的杰作;而且每一部新作,都在现实人生与人性的开掘及戏剧形式上有新的试验与创造。他的戏剧,是中国传统戏剧艺术与西方戏剧艺术的融合,是中国传统诗学与西方象征主义的融合。曹禺对于中国现代话剧的意义,不仅在于他的戏剧创作标志着、并促进了中国现代话剧的成熟,更重要的是,他的极富想象力与创造力的实验性的创作,为中国现代话剧的发展开拓了广阔的领域,提供了无限丰富的可能性,展示了多元的、自由创造的发展前景。

(根据钱理群、温儒敏、吴福辉,《中国现代文学三十年(修订本)·第十九章 曹禺》,北京大学出版社,1998年7月改写)

> 荒谬:极端错误,非常不合情理。
> 堪称:可以称作;称得上。
> 多元:多样的,不单一的。

讨论题

1. 中国的戏曲和西方的戏剧有什么不同?
2. 你看过中国的京剧或地方戏吗?如果看过,向大家介绍一下。
3. 请复述《窦娥冤》、《西厢记》和《牡丹亭》的故事。

综合练习

1. **熟读下列词语**。

| 产生过程 | 沉冤昭雪 | 极力阻挠 | 值得一提 | 发展壮大 |
| 起死回生 | 封建礼教 | 生死不渝 | 个性解放 | 影响巨大 |

蓬勃发展　　伟大成就　　激烈的竞争　旺盛的生命力

2. 选择合适的词语填空。

| 婉转 | 特地 | 诬陷 | 萌发 | 主宰 | 奇葩 | 官僚 | 始乱终弃 |
| 纠缠 | 无辜 | 懦弱 | 荒谬 | 堪称 | 多元 | 摇篮 | 家喻户晓 |

(1) 玛丽的中国菜做得非常好！尤其是她做的鱼香肉丝,真是(　　　　)一绝！

(2) 小孟的性格太(　　　　)了,所以老是被人欺负。

(3) 我(　　　　)了一个大胆的想法——直接去找董事长说明情况！

(4) 妈妈(　　　　)托他给我带来一瓶家乡的辣椒酱。

(5) 她的男朋友对她(　　　　),她感到非常愤恨。

(6) 轮到他发言的时候,他很(　　　　)地表达了和总经理不同的意见。

(7) 他到处(　　　　)我,说那件坏事是我干的。

(8) 姚明、刘翔是中国(　　　　)的体育明星。

(9) 他居然说自己是外星人,这简直太(　　　　)了！

(10) 剪纸,是中国民间艺术的一朵(　　　　)。

(11) 五四时期的北京大学,是各种新思想的(　　　　)。

(12) 我警告你,不要再(　　　　)我的女朋友,否则我对你不客气！

3. 句型练习。

(1) 前者 / 后者

① 中国古代的戏曲和西方的戏剧不同,前者是_____,

后者是_____。

② 对于这个合作项目的具体操作方案,A公司的总经理黄晓华和B公司总经理盛强意见不一致。前者主张_____,后者则坚持_____。

③《飘》的小说和电影我都看过,前者_____,

后者_____。

④ _____,前者_____,后者_____。

(2) ……之类

　① 后者讲究_____之类以动作为核心的展开方式。

　② 王老师在他家的阳台上面养了许多花,如水仙、月季、_____之类。

　③ 她喜欢穿名牌服装,如_____之类。

　④ _____之类_____。

(3) 正所谓

　① 中国戏曲的"曲"的规定,决定了中国戏曲是一种"唱"出来的戏剧,正所谓"_____"。

　② 他坚持不懈地努力,_____,正所谓"有志者,事竟成"。

　③ _____,正所谓"塞翁失马,焉知非福"。

　④ _____,正所谓"_____"。

(4) 继……之后

　① 散曲,是继_____之后出现的一种新的诗体。

　② 继_____之后,我又去了纽约、华盛顿、芝加哥。

　③ 继_____之后,曹禺又写了_____等几部话剧。

　④ _____继_____之后,_____。

4. **名词解释**。

　　诸宫调　　窦娥冤　　红娘　　传奇　　牡丹亭　　徽班进京

5. **去看一部京剧或者话剧,或者昆曲、越剧等其他地方戏,写一篇不少于300字的观后感。**

第五课

中国古代小说

专题报告

中国古代小说

中国古代的小说，起源于先秦时候的神话传说、寓言(yùyán)¹故事和历史传记。但是小说的真正形成，还是在魏晋南北朝时期。

魏晋南北朝小说可以分为志怪小说和志人小说两类。志怪小说记述神仙方术、鬼魅(guǐmèi)妖怪、佛法灵异，如干(gān)宝的《搜神记》、王嘉的《拾遗记》等等。志人小说记述人物的逸闻(yìwén)轶事(yìshì)，言谈举止，从中可以窥见(kuījiàn)当时社会生活的一些面貌，如葛洪的《西京杂记》、裴启的《语林》等，其中南朝宋刘义庆的《世说新语》是成就和影响最大的一部。《世说新语》的内容主要是记录魏晋名士的轶事和清谈，也可以说是一部魏晋风流的故事集。它注重表现人物的特点，通过独特的言谈举止写出独特人物的独特性格，使之活灵活现、跃然纸上。

唐代流行的文言小说，称为"传奇"。唐传奇的出现，标志着我国文言小说发展到了成熟的阶段。比较有名的作品有白行简《李娃传》、元稹《莺莺传》、李朝威《柳毅传》、蒋防《霍小玉传》、沈既济《枕中记》等等。唐传奇的作家们已经是有意识地去创作小说，虚构故事，而且比六朝时代的作者们更加注重作品的审美价值了。

以听众为对象的"说话"艺术，最迟在唐代就已经出现了。"说话"的本义是口传故事。到了宋、金、元时代，"说话"活动越来越兴盛，在书场中流传的故事越来越多，而以口传故事为

> 鬼魅：鬼怪。
> 灵异：这里指神怪。
> 逸闻：世人不大知道的传说。
> 轶事：世人不大知道的关于某人的事迹。
> 窥见：看出来或觉察到。
> 清谈：空谈哲理。
> 风流：才华出众而不拘泥于礼教。
> 活灵活现：形容神态生动逼真。
> 跃然纸上：形容活跃地呈现在作品里。

蓝本的文字记录本,以及受说话体式影响而衍生(yǎnshēng)的其他故事文本等,也日见其多。后世统称之为"话本"。宋元话本中有许多优秀之作,如《碾玉观音》、《闹樊楼多情周胜仙》等。另外还有一些讲史话本,又称"平话",如《三国志平话》、《武王伐纣平话》、《宣和遗事》等。

元末明初,罗贯中[2]用浅近的文言写出了我国第一部长篇章回小说《三国志通俗演义》,简称《三国演义》,它也是历史演义小说的开山之作。《三国演义》描写了从黄巾起义到西晋统一的近百年历史,"七分事实,三分虚构",借三国史实的基干和框架,另描了一幅波澜壮阔(bōlán zhuàngkuò)、气势恢弘(huīhóng)的历史画卷。这部小说将众多的人物和繁杂的事件组织得有条不紊(yǒu tiáo bù wěn)、主次分明,充分地显示了作者的叙事才能。它还创造了一批具有特征化性格的典型人物形象,如奸诈(jiānzhà)雄豪的曹操、忠义勇武的关羽、仁爱宽厚的刘备、谋略超人的诸葛亮、浑身是胆的赵云、心地狭窄的周瑜……他们的性格特征,一般都显得比较单一和稳定,给读者以强烈、鲜明的印象。

施耐庵(Shī Nài'ān)[3]、罗贯中的白话小说《水浒传》,属于英雄传奇小说。这类小说和历史演义不同的是,虽然也有一定的历史根据,却主要是出于虚构。它写的是北宋时期宋江等人在梁山起义的故事,深刻地揭露了官逼民反的事实,热情讴歌(ōugē)了不畏强暴、勇于反抗的梁山好汉们。小说鼓吹"忠义"的品德,强调"替天行道"。《水浒传》成功地塑造了一系列武艺超群而又神态各异的英雄形象,如鲁智深、武松、林冲、杨志、宋江等,注意多层次地刻画人物性格,写出人物性格的复杂性和变化。同时,又把这些超凡的人物放在现实生活的背景上,增强了作品的生活气息和真实感。

明代后期,在通俗小说领域中兴起了编写神怪小说的热潮,吴承恩[4]的《西游记》是其中最优秀的代表。这部小说以唐代玄奘(Xuánzàng)大师前往天竺(Tiānzhú)取经的历史事件为原型[5],讲述了一个充满浪漫色彩的神魔故事。小说的主人公孙悟空本领高强,桀骜不驯(jié'ào bú xùn),极富反抗精神,他先是大闹天宫,失败后随唐僧西

蓝本:著作所根据的底本。
衍生:演变而产生。
波澜壮阔:比喻声势浩大。
恢弘:宽阔;广大。
有条不紊:形容做事、说话有条有理,丝毫不乱。
奸诈:虚伪、诡诈、狡猾。
浑身是胆:全身都是胆,形容胆量极大。
讴歌:歌颂;用歌唱、言辞等赞美。
鼓吹:宣扬,使众人知道。
替天行道:代替上天主持公道。
超凡:超出平常。
玄奘(602—664):唐代高僧,通称三藏法师。
天竺:我国古代称印度为天竺。
桀骜不驯:性情倔强不驯顺。

行取经,一路降妖伏魔(xiángyāo-fúmó),最终修成正果。小说以诡异的想象、极度的夸张,突破时空,突破生死,突破神、人、物的界限,创造了一个光怪陆离、神异奇幻的境界。而那些神魔人物,又都写得有人情、通世故。在极幻之文中,又包含有极真之情,极真之理。

明代后期的神魔小说,还有许仲琳编辑的《封神演义》等。

三国、水浒、西游等故事,都有一个在民间长期流传,逐渐成形的过程,最后由作家加以写定。而明代晚期出现的世情小说《金瓶梅》则没有经过这个过程,它是中国第一部文人独立创作的白话长篇小说。它的作者兰陵笑笑生,具体情况不详。《金瓶梅》以西门庆的暴发和暴亡,以及以潘金莲、李瓶儿为主的妻妾间争宠妒恨的故事为主线,全面暴露了封建社会的黑暗丑恶。《金瓶梅》的语言,非常口语化、俚俗(lǐsú)化,同时又不乏文采,形象而传神,给整部作品带来了浓郁的俗世情味和鲜明的时代特征。它为以后不论在数量上还是在质量上都占压倒优势的世情小说的发展奠定了基础。

降妖伏魔	用强力使妖精和恶魔驯服。
修成正果	佛教指修行得道。
光怪陆离	形容现象奇异,色彩繁杂。
暴发	突然发财或得势。
暴亡	突然死亡。
争宠	用手段争取别人对自己的宠爱。
俚俗	粗俗。
花魁	绝色佳人,旧时也比喻有名的妓女。
落难	遭到不幸;遭遇灾祸。
抨击	用言语或评论来攻击。

除了长篇小说的成就,明代的短篇小说也有了很大的发展。以"三言"、"二拍"为代表,出现了一大批色彩各异的短篇小说集。"三言"是冯梦龙[6]编纂的《喻世明言》、《警世通言》、《醒世恒言》三部小说集的总称,它们标志着古代白话短篇小说整理和创作高潮的到来。三言里的《蒋兴哥重会珍珠衫》、《卖油郎独占花魁(huākuí)》、《玉堂春落难逢夫》、《杜十娘怒沉百宝箱》等篇目,都是脍炙人口的名篇。"二拍"是指凌濛初(Líng Méngchū)编纂的《初刻拍案惊奇》和《二刻拍案惊奇》。三言、二拍主要的篇幅是写世俗社会的人生百态,展开了一幅完整细致的市民生活的风情画卷,尤其是反映了当时商人力量的兴起。主题思想方面,倡导婚恋自主,张扬女性意识,抨击(pēngjī)贪官污吏,表现了那个时代的许多新的思潮。

清代初年的白话小说中,比较优秀的有西周生的长篇世情小说《醒世姻缘传》,以及李渔的短篇小说集《无声戏》、《十二楼》。才子佳人小说数量很多,代表作家是天花藏主人张匀,他的《玉娇梨》、《平山冷燕》比较有名。

中国最早的文言小说是非常粗略的,在后来的发展中,叙事技巧越来越成熟。到了清代初年,蒲松龄[7]的文言志怪小说集《聊斋志异》就达到了一个很高的境界,文笔优美简洁,记叙详尽委曲,有的篇章还特别以情节曲折、有起伏跌宕之致取胜。《聊斋志异》里绝大部分篇章叙写的是神仙狐鬼精魅故事,这些花妖狐鬼多数是美的、善的,给人带来温馨(wēnxīn)、欢乐、幸福。在他们的身上,寄托了作者的理想。许多故事还深刻地嘲讽(cháofěng)了社会的黑暗,尤其是科举制度[8]的弊端(bìduān)。

清代比较优秀的文言小说集,还有袁枚的《子不语》、纪昀的《阅微草堂笔记》等。

吴敬梓(Wú Jìngzǐ)[9]的《儒林外史》以知识分子的生活和精神状态为题材,对封建制度下知识分子的命运进行了深刻的思考和探索。小说把几代知识分子放在长达百年的历史背景中去描写,深刻揭示了科举制度对儒林士人的毒害。作者在辛辣地讽刺那些道德堕落(duòluò)、精神荒谬、才华枯萎、丧失了独立人格的士人的同时,又描写了一批体现着作者改造社会的理想的优秀人物,如杜少卿等。《儒林外史》将中国讽刺小说提升到与世界讽刺名著并列而无愧的地步。

在明清小说中,最为后人称道的莫过于《红楼梦》。它本名《石头记》,前80回的作者是曹雪芹(Cáo Xuěqín)[10],后40回是高鹗(Gāo È)续补的。小说以封建贵族青年贾宝玉、林黛玉(Lín Dàiyù)、薛宝钗(Xuē Bǎochāi)之间的恋爱、婚姻悲剧为中心,写出了当时具有代表性的贾、王、史、薛四大家族的兴衰,其中又以贾府为中心,揭露了封建社会后期的种种黑暗和罪恶,在客观上显示了封建社会走向没落的历史趋势。《红楼梦》塑造了大批有血有肉的个性化的人物形象,而贾宝玉、林黛玉、薛宝钗、王熙凤则成为了千古不朽(bùxiǔ)的典型形象。在叙事技巧上,曹雪芹比较彻底地突破了中国古代小说单线结构的方式,采取了多条线索(xiànsuǒ)齐头并进、交相连结又互相制约的网状结构。《红楼梦》的艺术魅力是说不尽的,对于它的研究已经成了一门专门的学问——"红学"。《红楼梦》与《三国演义》、《水浒传》、《西游记》一道,并称为"中国四大古典名著"。

在清朝中期的小说中,李汝珍的《镜花缘》也算是优秀之作。清朝后期,比较有名的有石玉昆《三侠五义》、文康《儿女英雄传》等侠义公案小说和陈森《品花宝

致:情致,兴趣。
温馨:温柔甜美;温暖馨香。
嘲讽:嘲弄讥讽。
弊端:由于制度上或工作上的漏洞而发生的损害公益的事情。
辛辣:味辣,比喻文章风格或人的性格厉害。
堕落:道德方面下落至可耻或可鄙的程度。
有血有肉:比喻文艺作品描写生动、内容充实。
不朽:永不磨灭。
线索:比喻事物发展的脉络或探求问题的途径。
齐头并进:不分先后地一齐前进或同时进行。

鉴》、魏秀仁《花月痕》、韩邦庆《海上花列传》等人情世态小说。

到了晚清时期，出现了四大谴责(qiǎnzé)小说：李宝嘉《官场现形记》、吴沃尧《二十年目睹(mùdǔ)之怪现状》、刘鹗《老残游记》、曾朴《孽海(nièhǎi)花》。它们从不同的方面对于晚清社会的黑暗腐朽、病入膏肓(bìng rù gāo huāng)作了深刻揭露，具有极强的批判性。

1902年，梁启超在《新小说》创刊号上发表《论小说与群治之关系》，鼓吹"小说界革命"，受到了广泛的响应。在这些新小说的创作中，人们已经可以嗅(xiù)到现代小说的气息了。

世态：	指社会上人与人相处的人情世故。
谴责：	斥责；责备。
现形：	把本来的样子显露出来。
目睹：	眼见；亲眼所见。
孽海：	罪恶的世界。
病入膏肓：	病已危重到无法救治的地步或事情已发展到不可挽救的程度。
创刊号：	报刊开始刊行的第一期。
响应：	回声相应，比喻用言语行动表示赞同、支持某种号召或倡议。
嗅：	闻。

专业词语

1 寓言

　　文学作品的一种体裁。常带有讽刺或劝诫的性质，用假托的故事或拟人手法说明某个道理或教训。

2 罗贯中

　　名本，字贯中，号湖海散人，祖籍东原(今山东东平)，流寓杭州。生平不详。大概生活在元末明初。著名小说家。

3 施耐庵

　　杭州人，生平不详，大概生活在元代。著名小说家。

4 吴承恩(约1500—约1582)

　　字汝忠，号射阳居士，淮安山阳(今江苏淮安)人。明代著名小说家。

5 原型

　　原始的类型或模型，特指文学艺术作品中塑造人物形象、构造故事情节所依据的现实生活中的人和事件。

6 冯梦龙(1574—1646)

　　字犹龙，别署龙子犹、墨憨斋主人、顾曲散人等，长洲(今江苏苏州)人。明代著名文学家。

7　蒲松龄(1640—1715)

字留仙,一字剑臣,号柳泉,山东淄川县(今山东淄博市淄川区)人。清初著名小说家。

8　科举制度

科举是中国古代读书人所参加的人才选拔考试。它是历代封建王朝通过考试选拔官吏的一种制度。由于采用分科取士的办法,所以叫做科举。科举制从隋代开始实行,到清光绪二十七年(1901)举行最后一科进士考试为止,经历了一千三百多年。

9　吴敬梓(1701—1754)

字敏轩,号粒民,安徽全椒人。移家南京后自号秦淮寓客,因其书斋署"文木山房",晚年又自号文木老人。清代著名小说家。

10　曹雪芹(约1715—约1763)

名霑,字梦阮,号雪芹,又号芹圃、芹溪。祖籍辽阳,先世原是汉人,明末入满洲籍,属满洲正白旗。清代伟大文学家。

常见句型

一、标志着

◎ 唐传奇的出现,标志着我国文言小说发展到了成熟的阶段。

▲ 表示某个重大的事件成为该领域里一个旧的历史阶段结束,或者新的历史阶段开始的标志。

1. 这两个国家实现了元首互访,标志着两国关系完全正常化了。
2. 青藏铁路建成通车,标志着我国各省区市全部有了铁路。
3. 青霉素的发现标志着医药发展的大突破,标志着使用抗生素治疗疾病的开始。

二、称之为

◎ 在书场中流传的故事越来越多,而以口传故事为蓝本的文字记录本,以及受说话体式影响而衍生的其他故事文本等,也日见其多。后世统称之为"话本"。

▲ 相当于"把他/她/它(们)称作"。

1. 从907年唐代灭亡到960年宋代建立之间的这段历史时期,历史学家称之为"五代十国"。
2. 杜甫当过工部员外郎,所以后人常常称之为"杜工部"。

3. 直到中唐韩愈和柳宗元配合儒学复古思潮,大力提倡古文,并写出许多优秀的作品,才改变了文坛的局面,一般文学史著作都称之为"古文运动"。

三、莫过于

◎ 在明清小说中,最为后人称道的莫过于《红楼梦》。

▲ 不会超过。用来指出在某一方面水平或程度最高的人或物。

1. 曾经有一份真诚的爱情放在我面前,我没有珍惜,等到失去的时候才后悔莫及,人世间最痛苦的事莫过于此。
2. 解决英法两国之间交通问题的最好办法,莫过于修建英吉利海峡的海底隧道了。
3. 对这个问题最有研究的,莫过于小刘了。

专业知识

章回体

章回体小说是中国古典长篇小说的主要形式,一般都有几十回至上百回,每一回都有回目,概括该回的主要内容。回目有单句的,更多则是以对偶句的形式出现的。下面举几部小说的第一回回目为例。《封神演义》是"纣王(Zhòuwáng)女娲(Nǚwā)宫进香",是单句。《三国演义》是"宴桃园豪杰三结义　斩黄巾英雄首立功",《水浒传》是"张天师祈(qí)禳(ráng)瘟疫(wēnyì)　洪太尉误走妖魔",《西游记》是"灵根育孕源流出　心性修持大道生",《红楼梦》是"甄士隐(Zhēn Shìyǐn)梦幻识通灵　贾雨村风尘怀闺秀",都是双句。

章回体小说是由宋元时期的"讲史话本"发展而来的。"讲史"就是说书的艺人们讲述历代的兴亡和战争的故事。讲史一般都很长,艺人在表演时必须分为若干次才能讲完。每讲一次,就等于后来章回体小说中的一回。在每次讲说以前,艺人要用题目向听众揭示主要内容,这就是章回体小说回目的起源。章回体小说中经常出现的"话说"和"看官"等字样,正可以明确看出它与话本之间的继承关系。

经过长期的孕育,在明代初年出现了首批章回体小说,其中著名的有《三国演义》、《水浒传》等。这些小说都是在民间长期流传,经过说话艺人补充内容,逐渐丰富,最后由作家加工改写而成的。明代中叶以后,章回体小说的发展更加成熟,出现了《西游记》、《金瓶梅》等著名作品。由于社会生活日益丰富,这些章回体小说的故事情节更趋复杂,描写也更为细腻,它们在内容上和讲史已没有多少联系,只是在体裁上还保持着讲史的痕迹。

阅 读

景阳冈武松打虎

武松在路上行了几日,来到阳谷县地面。此去离县治还远。当日晌午(shǎngwǔ)时分,走得肚中饥渴,望见前面有一个酒店,挑着一面招旗在门前,上头写着五个字道:"三碗不过冈"。

武松入到里面坐下,把梢棒倚了,叫道:"主人家,快把酒来吃。"只见店主人把三只碗、一双箸(zhù)、一碟热菜,放在武松面前,满满筛(shāi)一碗酒来。武松拿起碗,一饮而尽,叫道:"这酒好生有气力!主人家,有饱肚的买些吃酒。"酒家道:"只有熟牛肉。"武松道:"好的切二三斤来吃酒。"

店家去里面切出二斤熟牛肉,做一大盘子

县治:旧指县政府的所在地。
晌午:正午。
冈:较低而平的山脊(jí)。
梢棒:亦作"哨棒"。一种兵器,木棒。
箸:筷子。
筛:斟(zhēn)酒。
好生:很,极。
气力:力气。

将来，放在武松面前，随即再筛一碗酒。武松吃了道："好酒！"又筛下一碗，恰好吃了三碗酒，再也不来筛。武松敲着桌子叫道："主人家，怎的不来筛酒？"酒家道："客官要肉便添来。"武松道："我也要酒，也再切些肉来。"酒家道："肉便切来，添与客官吃，酒却不添了。"武松道："却又作怪。"便问主人家道："你如何不肯卖酒与我吃？"酒家道："客官，你须见我门前招旗，上面明明写道：'三碗不过冈'。"武松道："怎地唤作三碗不过冈？"酒家道："俺(ǎn)家的酒，虽是村酒，却比老酒的滋味。但凡客人来我店中吃了三碗的，便醉了，过不得前面的山冈去。因此唤作'三碗不过冈'。若是过往客人到此，只吃三碗，便不再问。"武松笑道："原来恁地(nèndì)。我却吃了三碗，如何不醉？"酒家道："我这酒，叫做'透瓶香'，又唤作'出门倒'。初入口时，醇浓(chúnnóng)好吃，少刻时便倒。"武松道："休要胡说！没地不还你钱！再筛三碗来我吃！"

酒家见武松全然不动，又筛三碗。武松吃道："端的(duāndì)好酒！主人家，我吃一碗，还你一碗酒钱，只顾筛来。"酒家道："客官休只管要饮，这酒端的要醉倒人，没药医。"武松道："休得胡鸟(diǎo)说！便是你使蒙汗药在里面，我也有鼻子！"店家被他发话不过，一连又筛了三碗。武松道："肉便再把二斤来吃。"酒家又切了二斤熟牛肉，再筛了三碗酒。

武松吃得口滑，只顾要吃，去身边取出些碎银子，叫道："主人家，你且来看我银子！还你酒肉钱勾么？"酒家看了道："有余，还有些贴钱与你。"武松道："不要你贴钱，只将酒来筛。"酒家道："客官，你要吃酒时，还有五六碗酒哩，只怕你吃不的了。"武松道："就有五六碗多时，你尽数筛将来。"酒家道："你这条长汉，倘或(tǎnghuò)醉倒了时，怎扶的你住？"武松答道："要你扶的不算好汉。"酒家那里肯将酒来筛。武松焦躁道："我又不白吃你的，休要引老爹性发，通教你屋里粉碎，把你这鸟店子倒翻转来！"酒家道："这厮醉了，休惹他。"再筛了六碗酒与武松吃了，前后共吃了十五碗。绰(chāo)了梢棒，立起身来道："我却又不曾醉！"走出门前来，笑道："却不说'三碗不过冈'！"手提梢棒便走。

酒家赶出来叫道："客官那里去？"武松立住了，问道："叫我做甚么？我又不少你酒钱，唤我怎地？"酒家叫道："我是好意。你且回来我家看官司榜文。"武松道：

客官：旧时店家、船家等对顾客、旅客的尊称。
如何：这里相当于"为何"，为什么。
与：给。
俺：我。
恁地：这样；这么。
醇浓：气味、滋味、韵味等纯正浓厚。
休：不要。
端的：果真；确实；果然。
只顾：只管。
鸟：骂人的粗话。
蒙汗药：旧戏曲小说中指能使人暂时失去知觉的药。
勾：够。
贴钱：找钱。
尽数：全部；全数。
倘或：如果。
绰：抓取。
甚么：什么。
官司：官府。
榜文：公告。

"甚么榜文？"酒家道："如今前面景阳冈上，有只吊睛白额大虫，晚了出来伤人，坏了三二十条大汉性命。官司如今杖限猎户，擒捉发落。冈子路口两边人民，都有榜文。可教往来客人，结伙成队，于巳(sì)、午、未三个时辰过冈，其余寅(yín)、卯(mǎo)、申、酉(yǒu)、戌(xū)、亥(hài)六个时辰不许过冈。更兼单身客人，务要等伴结伙而过。这早晚正是未末申初时分，我见你走都不问人，枉送了自家性命。不如就我此间歇(xiē)了，等明日慢慢凑的三二十人，一齐好过冈子。"

大虫：	老虎。
发落：	处置；惩治。
枉：	徒然，白费。
歇：	休息。
厮：	对人轻蔑的称呼。
败落：	破落；由盛而衰。
知悉：	知道，了解。
耻笑：	轻视和讥笑。
脊梁：	脊背。
坠：	落下、掉下。
袒：	脱去上衣，露出身体的一部分。
踉踉跄跄：	走路歪歪斜斜的样子。

武松听了，笑道："我是清河县人氏，这条景阳冈上少也走过了一二十遭。几时见说有大虫！你休说这般鸟话来吓我！便有大虫，我也不怕。"酒家道："我是好意救你，你不信时，进来看官司榜文。"武松道："你鸟子声！便真个有虎，老爷也不怕。你留我在家里歇，莫不半夜三更要谋我财，害我性命，却把鸟大虫唬吓我？"酒家道："你看么！我是一片好心，反做恶意，倒落得你怎地说。你不信我时，请尊便自行！"

那酒店里主人摇着头，自进店里去了。这武松提了梢棒，大着步自过景阳冈来。约行了四五里路，来到冈子下，见一大树，刮去了皮，一片白，上写两行字。武松也颇识几字，抬头看时，上面写道："近因景阳冈大虫伤人，但有过往客商，可于巳、午、未三个时辰，结伙成队过冈。请勿自误。"

武松看了，笑道："这是酒家诡诈，惊吓那等客人，便去那厮(sī)家里歇宿。我却怕甚么鸟！"横拖着梢棒，便上冈子来。那时已有申牌时分，这轮红日，厌厌地相傍下山。武松乘着酒兴，只管走上冈子来。走不到半里多路，见一个败落的山神庙。行到庙前，见这庙门上贴着一张印信榜文。武松住了脚读时，上面写道：

"阳谷县示：为这景阳冈上新有一只大虫，近来伤害人命。见今杖限各乡里正并猎户人等，打捕未获。如有过往客商人等，可于巳、午、未三个时辰，结伴过冈。其余时分及单身客人，白日不许过冈，恐被伤害性命不便。各宜知悉。"

武松读了印信榜文，方知端的有虎。欲待发步再回酒店里来，寻思道："我回去时，须吃他耻笑不是好汉，难以转去。"存想了一回，说道："怕甚么鸟！且只顾上去，看怎地！"武松正走，看看酒涌上来，便把毡笠儿背在脊梁(jǐliang)上，将梢棒绾在肋下，一步步上那冈子来。回头看这日色时，渐渐地坠(zhuì)下去了。此时正是十月间天气，日短夜长，容易得晚，武松自言自说道："那得甚么大虫！人自怕了，不敢上山。"武松走了一直，酒力发作，焦热起来，一只手提着梢棒，一只手把胸膛前袒(tǎn)开，踉踉跄跄(liàngliàng-qiàngqiàng)，直奔过乱树林来。见一块光挞挞大青石，把那梢棒倚在一边，放翻身体，却待要睡，只见发起一阵狂风来。

　　原来但凡世上云生从龙，风生从虎。那一阵风过处，只听得乱树背后扑地一声响，跳出一只吊睛白额大虫来。武松见了，叫声"呵呀！"从青石上翻将下来，便拿那条梢棒在手里，闪在青石边。那个大虫又饥又渴，把两只爪在地上略按一按，和身望上一扑，从半空里**撺**(cuān)将下来。武松被那一惊，酒都作冷汗出了。

　　说时迟，那时快。武松见大虫扑来，只一闪，闪在大虫背后。那大虫背后看人最难，便把前爪搭在地下，把腰**胯**(kuà)一掀，掀将起来。武松只一躲，躲在一边。大虫见掀他不着，吼一声，却似半天里起个霹雳，振得那山冈也动。把这铁棒也似虎尾倒竖起来，只一剪。武松却又闪在一边。原来那大虫拿人，只是一扑，一掀，一剪，三般提不着时，气性先自没了一半。那大虫又剪不着，再吼了一声，一**兜**(dōu)兜将回来。武松见那大虫复翻身回来，双手轮起梢棒，尽平生气力，只一棒，从半空劈将下来。只听得一声响，**簌簌**(sùsù)地将那树连枝带叶劈脸打将下来。定睛看时，一棒劈不着大虫。原来慌了，正打在枯树上，把那条梢棒折做两截，只拿得一半在手里。

　　那大虫**咆哮**(páoxiào)，性发起来，翻身又只一扑，扑将来。武松又只一跳，却退了十步远。那大虫却好把两只前爪搭在武松面前。武松将半截棒丢在一边，两只手就势把大虫顶花皮疙瘩地揪住，一按按将下来。那只大虫急要挣扎，早没了气力。被武松尽力气**纳**定，那里肯放半点儿松宽。武松把只脚望大虫面门上、眼睛里只顾乱踢。那大虫咆哮起来，把身底下扒起两堆黄泥，做了一个土坑。武松把那大虫嘴直按下黄泥坑里去。那大虫吃武松奈何得没了些气力。武松把左手紧紧地揪住顶花皮，偷出右手来，提起铁锤般大小拳头，尽平生之力，只顾打。打得五七十拳，那大虫眼里、口里、鼻子里、耳朵里都**迸**(bèng)出鲜血来。那武松尽平昔神威，仗胸中武艺，半歇儿把大虫打做一堆，却似躺着一个**锦**(jǐn)布袋。……

　　当下景阳冈上那只猛虎，被武松没顿饭之间，一顿拳脚打得那大虫动弹不得，使得口里**兀自**(wùzì)气喘。武松放了手，来松树边寻那打折的棒橛，拿在手里，只怕大虫不死，把棒橛又打了一回。那大虫气都没了。武松再寻思道："我就地拖得这死大虫下冈子去。"就**血泊**(xuèpō)里双手来提时，那里提得动？原来使尽了气力，手脚都疏软了，动弹不得。

　　武松再来青石上坐了半歇，寻思道："天色看看黑了，倘或又跳出一只大虫来时，我却怎地斗得他过？且挣扎下冈子去，明早却来**理会**。"就石头边寻了毡笠

撺：跳。
胯：腰的两侧和大腿之间的部分。
兜：绕。
簌簌：形容叶子抖动的声音。
咆哮：猛兽、人的怒吼。也可以形容水流的轰鸣。
纳：同"捺"，用手重按。
迸：涌出；喷射。
锦：有彩色花纹的丝织品。
兀自：仍旧，还是。
血泊：流在地上大滩的血。
理会：料理；处置。

儿,转过乱树林边,一步步捱下冈子来。

(节选自施耐庵、罗贯中,《水浒传》,人民文学出版社,1975 年 10 月,第二十三回"横海郡柴进留宾　景阳冈武松打虎",有删节,并重新划分了段落。)

1. 谈谈你对"中国四大古典名著"的认识。
2. 仔细读"阅读"材料《景阳冈武松打虎》,谈一谈你对武松这个形象的看法。
3. 你读过哪一本中国古代小说?向同学们介绍一下。

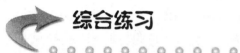

1. **熟读下列词语。**

言谈举止	气势恢弘	历史画卷	主次分明	典型人物
心地狭窄	性格特征	热情讴歌	官逼民反	不畏强暴
武艺超群	神态各异	反抗精神	具体情况	压倒优势
色彩各异	贪官污吏	情节曲折	历史背景	道德堕落
独立人格	千古不朽	叙事技巧	网状结构	艺术魅力

2. **选择合适的词语填空。**

> 奸诈　讴歌　鼓吹　温馨　嘲讽　弊端　波澜壮阔　病入膏肓
> 线索　谴责　响应　耻笑　咆哮　理会　有条不紊　跟跟跄跄
> 活灵活现　浑身是胆　桀骜不驯　光怪陆离

(1) 风在吼,马在叫,黄河在(　　　　　)。
(2) 我最近太忙了,实在没时间(　　　　　)这些小事。
(3) 妻子非常能干,把小家布置得优雅、(　　　　　)。
(4) 他的这种极端恶劣、极端无耻的行为,遭到了人们的一致(　　　　　)。
(5) 他的口才非常好,能够把一件事情讲得(　　　　　)。
(6) (　　　　　)的农民大起义,经过了十年的斗争,最终还是失败了。

(7) 他的演讲得到了台下听众的热烈(　　　　)。

(8) 老板,你放心吧,我们这边一切都在按照计划(　　　　)地进行。

(9) 这出相声(　　　　)了那些爱慕虚荣的人。

(10) 他是一个(　　　　)小人,专门欺骗、利用别人,千万不要相信他!

(11) 他已经(　　　　),没药可治了。

(12) 陈独秀、胡适经常在报刊杂志上发表文章,(　　　　)文学革命。

(13) 他是一名非常有经验的警察,常常能够发现别人不能发现的(　　　　),最终成功破案。

(14) 这样做虽然在短期内能够带来很多好处,但是从长远来看,也有不少(　　　　)。

3. 句型练习。

(1) 标志着

　① 唐传奇的出现,标志着＿＿＿＿＿＿＿＿＿＿＿＿＿＿＿＿＿＿。

　② A、B两大公司成功合并,标志着＿＿＿＿＿＿＿＿＿＿＿＿＿＿。

　③ ＿＿＿＿＿＿＿＿＿＿＿＿＿＿＿＿＿＿＿,标志着他的个人事业达到顶峰。

　④ ＿＿＿＿＿＿＿＿＿＿,标志着＿＿＿＿＿＿＿＿＿＿＿＿＿＿。

(2) 称之为

　① 在书场中流传的故事越来越多,而以口传故事为蓝本的文字记录本,以及受说话体式影响而衍生的其他故事文本等,也日见其多。后世统称之为＿＿＿＿＿＿＿＿＿＿＿＿＿＿＿＿＿＿＿＿＿＿。

　② 对那些脑子特别灵活,好主意特别多的人,我们常常称之为＿＿＿＿。

　③ ＿＿＿＿＿＿＿＿＿＿＿＿＿＿＿＿＿＿＿＿＿＿＿＿＿,医学上称之为"植物人"。

　④ ＿＿＿＿＿＿＿＿＿＿,＿＿＿＿＿＿＿＿＿＿称之为＿＿＿＿＿＿＿＿。

(3) 莫过于

　① 在明清小说中,最为后人称道的莫过于＿＿＿＿＿＿＿＿＿＿＿＿＿。

②我最喜欢的电影明星,莫过于_____了。
③_____,莫过于美美地睡上一觉。
④_____,莫过于_____。

4. **名词解释。**
   寓言　　原型　　话本　　章回体　　三言二拍　　四大古典名著

5. **读一篇中国古代小说,写一篇不少于 300 字的读后感。**

第六课

中国古典诗歌的形式

专题报告

中国古典诗歌的形式

中国是诗的国度。几千年来,中国有无数优秀的诗人,创作出了无数色彩绚丽(xuànlì)、美丽动人的诗篇。我们要了解中国的文化,就不能不了解屈原[1]、李白[2]、杜甫[3]、苏轼(Sū Shì)[4]这样的大诗人,也不能不了解中国的古诗。

今天能够看到的中国最早的诗歌,是每句两个字的。但是这样的作品留下来的很少。在这以后,出现了我国最早的诗歌总集《诗经》,它收集了西周初年到春秋中叶(公元前11世纪—公元前6世纪)大约五百年间的周代诗歌305篇。这些诗歌的形式,以每句四个字为主,我们现在叫它们"四言诗"。如其中的第一篇《关雎》,写的是一个小伙子爱上了一位美丽善良的姑娘:

关关雎鸠(jūjiū),在河之洲。
窈窕(yǎotiǎo)淑女,君子好逑(qiú)。
……

在战国晚期,出现了以屈原《离骚(Lísāo)》为代表的"楚辞"体诗歌,又叫"骚体",由于这些诗歌比较难懂,而且楚辞体也没有成为中国诗歌的主流,我们在这里就不详细介绍了。

随着时代的发展,四言诗逐渐不能满足表达的需要了。在汉代的时候,出现了五言诗。如《古诗十九首》中的一首:

涉(shè)江采芙蓉(fúróng),兰泽多芳草。

形式:某物的样子和构造。
国度:国家。
绚丽:耀眼而华丽。
关关:水鸟相和的叫声。
雎鸠:一种水鸟。相传这种鸟对配偶情意专一。
洲:水中的小岛。
窈窕:善良美丽。
淑:好。
君子:当时贵族男子的通称。
逑:配偶。
涉:渡过。
芙蓉:荷花。
兰泽:长了兰草的低湿的地方。

采之欲遗(wèi)谁,所思在远道。
还(huán)顾望旧乡,长路漫浩浩。
同心而离居,忧伤以终老。

这首诗是写一个离家远游的人,采下了芙蓉花,想要送给故乡的爱人。但是离故乡太远,这个愿望无法实现,只能感到无比的忧伤了。

在魏晋南北朝时代,五言一直是诗歌的主要形式。但是也已经开始出现了七言诗。七言诗在唐代确立下来,取得了和五言诗同样重要的地位。同时,由于汉语在声韵上的特色,逐渐形成了严格的格律,按照这种格律的规定来写作的诗,就叫格律诗。格律诗从句式上来说,可以分为五言、七言两大类;从诗句的数目上说,又可以分为三种:绝句、律诗、长律(又叫排律)。每首四句的叫绝句,每首八句的叫律诗,十句以上的则叫长律,比较少见。下面,我们就举几个例子,来说明格律诗的四种主要形式:

李白的五言绝句《静夜思》,写在静静的夜里,诗人看见皎洁(jiǎojié)的月光,而引起了思念家乡的感情:

床前明月光,疑是地上霜。
举头望明月,低头思故乡。

王维[5]的五言律诗《山居秋暝(míng)》描绘了秋天山中雨后的夜景,风格清新灵动,给人以美的享受:

空山新雨后,天气晚来秋。
明月松间照,清泉石上流。
竹喧归浣(huàn)女,莲动下渔舟。
随意春芳歇,王孙自可留。

王翰(Wáng Hàn)的七言绝句《凉州曲》是唐代边塞诗[6]中的名作,在豪迈旷达(kuàngdá)之外,又有不尽的沉痛悲愤之意:

葡萄美酒夜光杯,欲饮琵琶(pípá)马上催。
醉卧沙场君莫笑,古来征战几人回?

李商隐[7]的七言律诗《无题》,用美丽而朦胧的语言表达了男女间哀婉而深沉的爱情,给人以无尽的回味:

欲:想要。
遗:赠送。
还顾:回头看。
旧乡:故乡。
漫浩浩:广大,没有尽头的样子。
以:而。
皎洁:明亮洁白,多形容月光。
暝:天黑,晚上。
灵动:轻灵,飞动。
喧:喧闹,吵闹。
浣女:洗衣服的女子。
歇:消失。
王孙:本来指贵族子弟,这里是对客人的尊称。
旷达:心胸开阔乐观。
沉痛:深切的悲痛。
悲愤:悲痛愤怒。
夜光杯:用白玉做的酒杯,传说在夜里可以发光。
琵琶:古时西域的一种乐器。
沙场:战场。
哀婉:悲哀婉转。
回味:对食物或事件回想体会。

相见时难别亦(yì)难,东风无力百花残。
春蚕到死丝方尽,蜡炬(làjù)成灰泪始干。
晓镜但愁云鬓(yúnbìn)改,夜吟应觉月光寒。
蓬山(péngshān)此去无多路,青鸟殷勤(yīnqín)为探看。

格律诗,讲究平仄(píngzè)和压韵[8],朗读起来非常有节奏感,可以非常好地发挥汉语音韵上的美感。另外,律诗的中间二联[9]还要求对仗[10]。格律诗后来成为中国诗歌的主要形式。

唐代的诗歌,除了五言、七言以外,还有杂言,也就是各种长短不同的句子混在一首诗里;除了格律诗以外,还有古诗[11]、乐府[12]等体,它们对于平仄、对仗和诗歌的长短并不太讲究。举一首李白的乐府诗《关山月》为例:

明月出天山,苍茫云海间。
长风几万里,吹度玉门关。
汉下白登道,胡窥青海湾。
由来征战地,不见有人还。
戍客(shùkè)望边邑(biānyì),思归多苦颜。
高楼当此夜,叹息未应闲。

在唐代的时候,与周围的民族进行了长期的战争,使得许多战士长期不能回家。这首诗就是写戍守边疆的战士和他们在家里的妻子的相思之苦,表达了人民对和平幸福生活的向往。

从唐代开始,就出现了一种新的诗歌形式,叫做"词",又叫"长短句"。这种新的诗体在宋代得到了很大的发展,成为宋代诗歌一个非常有代表性的体裁。词都是可以配乐歌唱的,每一句的字数长短不一,形式比诗自由。词有不同的曲调,叫做"词调",又叫"词牌",如"菩萨蛮"、"西江月"、"蝶恋花"、"水调歌头"等等。每种词牌的形式又是不同的。许多作品在词牌下面,又另外写有题目,或对作品的内容和创作背景加以简短说明,如苏轼《念奴娇·赤壁怀古》。

亦:也。
蜡炬:蜡烛。
晓镜:早上照镜子。
但:只。
云鬓:年轻女子的鬓发,像乌云一样丰盛美丽。云鬓改,是指美好的青春容颜逐渐消失。
蓬山:蓬莱山,传说中的海外三个神山之一。这里指对方住的地方。
青鸟:神话中的一种鸟,是西王母的使者,这里指送信的人。
殷勤:勤奋,勤快。
玉门关:在今甘肃敦煌西,是当时通往西域的重要关口。
下:出兵。
白登:山名,在今山西省大同市东。汉高祖曾经率兵在这里与匈奴激战,遭到包围,损失惨重。
胡:北方的少数民族。
窥:窥探。这里指寻找机会,出兵偷袭。
由来:自古以来。
戍客:守卫边疆的将士。
边邑:边关,边疆的城镇。
高楼:指高楼上的思妇。
戍守:武装守卫。
相思:互相思念,多指男女互相爱慕思念。

词按照长度，可以分为小令、中调、长调几种。有一种常见的说法是，五十八字以内的叫小令，五十九字到九十字的叫中调，九十一字以上的叫长调。如果按照段落结构来分，词又可以分为单调、双调、三叠、四叠等几种。词的一段叫做阕(què)，又叫片。

单调的词不分段，往往比较短，大多是小令。比如唐代张志和的《渔歌子》，描写了在风景秀丽的西塞山下，隐居垂钓者悠然自得的情态：

西塞山前白鹭(lù)飞，桃花流水鳜鱼(guìyú)肥。青箬笠(ruòlì)，绿蓑衣(suōyī)，斜风细雨不须归。

双调的词分为前后(或上下)两阕，两阕的字数和形式基本一样。这种形式最常见，小令、中调、长调都有。以北宋李之仪的《卜算子》为例：

我住长江头，君住长江尾。日日思君不见君，共饮长江水。

此水几时休，此恨何时已。只愿君心似我心，定不负相思意。

三叠分三段，四叠分四段，这两类词都非常少。词也有格律，比较复杂，这里就不介绍了。

到了元代，由于语音、词汇和音乐的发展变化，又出现了一种新的诗体"曲"(散曲)。曲也是可以合乐演唱的，只不过比词的形式更加自由，更加灵活，更加口语化，经常加有衬字。正如词有词牌，曲也有曲牌，如"天净沙"、"清江引"、"醉太平"、"得胜令"等等。举马致远的《天净沙·秋思》为例：

枯藤(téng)老树昏鸦，小桥流水人家。古道西风瘦马。夕阳西下，断肠人在天涯。

这首散曲写暮秋季节黄昏时候的苍凉萧瑟(xiāosè)的景色，而在这个背景下，漂泊天涯的旅人的孤独感也就被表现得淋漓尽致(línlí jìn zhì)了。

中国的"诗"，有狭义和广义之分。狭义的"诗"，指的是从远古到唐代的那种句式比较整齐的韵文形式。而广义的"诗"，就是所有的诗歌。它不但包括了狭义的"诗"，也包括了楚辞、宋词、元曲等形式。所以，我们经常用"诗词"、"诗词曲"这些词汇来概括古典诗歌。直到今天，还有许多人喜欢模仿它们，进行古体诗歌的创作。

阕：词的段落单位。
鹭：一种水鸟。
鳜鱼：中国产的一种美味的食用鱼，俗名花鲫鱼，也称"桂鱼"。
箬笠：箬，一种竹子。用它的皮和叶子编成的斗笠叫箬笠，可用来遮日避雨。
蓑衣：用棕榈皮编成的雨衣。
须：需要。
君：你。
休：停止。
已：停止。
负：辜(gū)负，背叛。
藤：一种柔软的木本或草本的攀缘植物。
昏鸦：黄昏时的乌鸦。
断肠：伤心。
萧瑟：寂寞凄凉。
淋漓尽致：形容文笔或言词畅达详尽。

专业词语

1 屈原(前339—前278)
　　名平,字原,战国时代的伟大诗人,"楚辞"体的创立者和代表作家,代表作是《离骚》。

2 李白(701—762)
　　字太白,号青莲居士,唐代伟大诗人,被称为"诗仙"。

3 杜甫(712—770)
　　字子美,唐代伟大诗人,被称为"诗圣"。

4 苏轼(1037—1101)
　　字子瞻,号东坡居士,北宋伟大文学家,诗、词、散文都写得非常好。

5 王维(701—761)
　　字摩诘(mójié),唐代著名诗人。

6 边塞诗
　　描写边疆景色、反映边疆将士的生活和感情的一类诗歌。

7 李商隐(812—858)
　　字义山,号玉溪生,又号樊南生(Fánnánshēng),唐代著名诗人。

8 压韵
　　也叫"押韵",指在诗歌中,把相同韵母的字放在某些句子的末尾,使音调和谐优美。

9 联
　　对偶叫联。诗文每两句为一联。律诗有八句,可以分为四联,按照顺序先后叫做首联、颔联(hànlián)、颈联、尾联。

10 对仗
　　又叫"对偶",是一种修辞方式,指两个字数相等、结构相似的语句表现相关或相反的意思,或用两个对称语句加强语言效果。如"雨"对"风","两个黄鹂鸣翠柳"对"一行白鹭上青天"。两句形成一联。

11 古诗
　　(1)古代的诗。(2)诗体名。句式一般有三言、五言、七言、四言、六言等,不讲求对仗、平仄等格律,用韵也比较自由。

12 乐府
　　(1)古代掌管音乐的政府机构。(2)诗体名。最先指乐府所采集和制作的诗歌,后来将魏晋至唐代可以用乐伴奏的诗歌,以及仿乐府古题的作品,统统称为乐府。

常见句型

一、以……为主、以……为主要特色

◎ 这些诗歌的形式,以每句四个字为主,我们现在叫它们"四言诗"。

▲ "以……为主":指出一件事物的主要组成部分或最常见的状态。
"以……为主要特色":指出一件事物的主要特色是什么。

1. 汉魏六朝的诗歌以五言为主。
2. 对外汉语教育学院的学生以外国人为主。
3. 美国虽然自己也生产石油,但还是以进口石油为主。
4. 李白的诗以豪放、飘逸为主要特色。
5. 颐和园作为中国古代的皇家园林,以规模宏大、庄重、豪华为主要特色。

二、取得了……的地位

◎ 七言诗在唐代确立下来,取得了和五言诗同样重要的地位。

▲ 表示某人或某个事物在某一领域中获得很高、很重要或很特殊的地位。而这种地位往往是在付出了艰苦的努力,或经历了很长的时间之后才得到的。如果只是强调它所达到的地位,常用"享有……的地位"、"具有……的地位"、"有着……的地位"等相对静态的句型来表达。

1. 经过科技人员多年的努力,我国终于在航天技术方面取得了国际领先的地位。
2. 屈原在中国文学史上享有非常崇高的地位。
3. 爸爸在家里有着说一不二的地位。

三、从……来说、从……上(来)说、从……的角度(来)说

◎ 格律诗从句式上来说,可以分为五言、七言两大类;从诗句的数目上说,又可以分为三种:绝句、律诗、长律(又叫排律)。

▲ 这几个句型的用法很相近,都是用来说明论述、观察问题的角度。

1. 从风格上来说,陆游的诗有点像李白,所以有人称他为"小李白"。
2. 从对外关系来说,就是要进一步实行开放政策。
3. 从历史的角度来说,曹操是个统一中国北方的大英雄;从文学史的角度来说,他又是一个取得了很高成就的大诗人。

四、用／以＋(……的语言／语句／词藻／意象……)＋描写……的景色
　　　　　　　　　　　　　　　　　　　表达……的感情
　　　　　　　　　　　　　　　　　　　寄托……的感情
　　　　　　　　　　　　　　　　　　　抒发……的感情
　　　　　　　　　　　　　　　　　　　烘托……的气氛

◎ 李商隐的七言律诗《无题》，用美丽而朦胧的语言表达了男女间哀婉而深沉的爱情。

▲ 这些句型在文学论文中常常出现，指出是用什么样的语言或形象，来说明某种事物，表达某种感情，或达到某种修辞目的的。

1. 这首诗用草来寄托送别的感情。
2. 这首小诗以简洁明快的语句，描写了春天河边的美丽景色。
3. 他弹着吉他，用优美的歌声，表达对心上人的爱慕之情。

专业知识

四声与平仄

古汉语有平、上、去、入四种声调。在作诗时，又将声调分为两大类，其中"平声"为一类，上、去、入三种合称"仄声"。今天，普通话中也有四个声调，但是与古代的声调不同：

古代汉语	平		上	去	入
普通话	第一声	第二声	第三声	第四声	第一、二、三、四声

古代的入声字，普通话中已经消失，分别变为现有的四种声调了。所以，我们今天要了解一个字在古汉语中的平仄情况，有一定困难，这困难主要就在于入声字很难识别。

古人在写格律诗的时候，对诗中用字的声调有严格的要求，讲求平声与仄声的交替，可以使声调和谐，增强吟唱时的美感。如五言格律诗的四种基本句式是：

平平平仄仄
仄仄仄平平
仄仄平平仄
平平仄仄平

每两句为一联。一联中，上句和下句的平仄是基本相反的，这样听起来，有平衡、悦耳的感觉。而每一联的上句和上一联的下句，平仄又是相近的。这样，一首诗就能够保证在音韵上既充满变化，又和谐整齐。

平仄对构成中国古典诗歌的节奏韵律起着非常重要的作用。

阅 读

月下独酌

（唐）李 白

花间一壶酒，独酌(dúzhuó)无相亲。
举杯邀明月，对影成三人。
月既不解饮，影徒随我身。
暂伴月将影，行乐须及春。
我歌月徘徊(páihuái)，我舞影零乱。
醒时同交欢，醉后各分散。
永结无情游，相期邈(miǎo)云汉。

独酌：一个人喝酒。
解：懂。
徒：徒然，白白地。
将：偕、和。
须：应该。
及春：趁着春夜的良辰美景。
徘徊：在一个地方来回地走；或比喻犹豫不决。
无情：忘情，忘记了世界上一般的感情。
相期：相约。
邈：高远的。
云汉：银河。
凄清：凄凉。
寂寞：冷清孤单；清静。

这首诗写诗人在月下独自饮酒的凄清与寂寞(jìmò)。他邀请明月与身影为伴，看上去很有情调，实际上却透露出刻骨的孤独与寂寞。作为一个天才的诗人、一个怀有远大抱负的志士，他却难有知音、不被重用。诗的最后两句"永结无情游，相期邈云汉"更是表现出对自己人生际遇和社会现实的失望,同时表达了对光明的自由的强烈向往。

春　晓

(唐) 孟浩然

春眠不觉晓,处处闻啼(tí)鸟。
夜来风雨声,花落知多少?

这是一首充满春天气息的小诗。诗歌从听觉的角度,写春夜的风雨声、春晨的鸟鸣声,并由此联想到缤纷的落英,感情活泼,节奏明快,表现了作者对大自然、对生活的热爱。

草

(唐) 白居易

离离原上草,一岁一枯荣。
野火烧不尽,春风吹又生。
远芳侵古道,晴翠接荒城。
又送王孙去,萋萋(qīqī)满别情。

这首诗用草来寄托送别的感情。诗的重心并不在于送别,而在于对草的描写。这种野草具有无穷的生命力,任何外力的摧残都不能把它毁灭。这种生命力具有很强的象征意味,它一直激励着人们锤炼自己的意志,塑造出坚毅顽强的品格。

泊船瓜州

(北宋) 王安石

京口瓜州一水间,钟山只隔数重山。
春风又绿江南岸,明月何时照我还(huán)?

这首诗描写了瓜州一带的景色,表达了对大好春光的热爱,和渴望回到金陵(南京)的心情。诗中的"绿"字,用得非常好,作者改了十多次才确定了用这个字。

际遇:遭遇。
孟浩然:(689—740)唐代著名诗人。
眠:睡觉。
晓:早晨。
闻:听见。
啼:这里指鸟叫。
落英:落花。
白居易:(772—846)字乐天,唐代著名诗人。
离离:草木茂盛的样子。
荣:草木繁荣茂盛。
芳:芳草。
侵:滋生蔓延。
晴翠:在阳光照射下,芳草青翠。
萋萋:草茂盛的样子。
别情:告别时候的情意。
锤炼:反复琢磨研究,使更完美。
王安石:(1021—1086)字介甫,晚号半山,北宋著名文学家、政治家。
京口:今江苏省镇江市,在长江南岸。和长江北岸的瓜州隔水相望。
钟山:又叫紫金山,在江苏省南京市东。王安石罢相后在这里居住。
还:回家。

客 至
（唐）杜 甫

舍南舍北皆春水，但见群鸥日日来。
花径不曾缘客扫，蓬门今始为君开。
盘飧(sūn)市远无兼味，樽(zūn)酒家贫只旧醅(pēi)。
肯与临翁相对饮，隔篱呼取尽余杯。

这是一首写乡村生活的小诗。乡村环境优美，生活安宁平静，邻里关系淳朴(chúnpǔ)融洽，诗人的心情是愉快的。此时有朋友来，诗人更是十分高兴。诗歌以平实的语言，表现了乡村生活的自然、美好。

乌夜啼
（南唐）李 煜 (Lǐ Yù)

无言独上西楼，月如钩。寂寞梧桐(wútóng)深院，锁清秋。
剪不断，理还乱，是离愁。别是一番滋味在心头。

李煜是五代时南唐的国君，又是著名的词人。北宋灭南唐，他被带到汴京(Biànjīng)，不能再回到南方。他这首词就是写自己难以言说的愁苦之情，一唱三叹，凄楚动人。

水调歌头
（北宋）苏 轼

明月几时有？把酒问青天。不知天上宫阙，今夕(xī)是何年。我欲乘风归去，又恐琼楼玉宇(qiónglóu-yùyǔ)，高处不胜寒。起舞弄清影，何似在人间？
转朱阁(gé)，低绮(qǐ)户，照无眠(wú mián)。不应有恨，何事长向别时圆？人有悲欢离合，月有

舍：家。
但见：只见。
鸥：一种鸟。
蓬门：茅屋的门。
飧：熟菜。
市：集市、市场。
兼味：几种菜。
樽：一种酒杯。
旧醅：隔年的陈酒。
肯：能不能？这里是问客人的意见。
余杯：剩下来的酒。
淳朴：敦厚质朴。
李煜：(937—978)字重光，五代时南唐的国君，又是著名的词人。
梧桐：一种落叶树。
深院：深深的庭院。
理：整理。
离愁：分离时的忧愁心情。
一番：一种。
汴京：北宋的首都，今河南省开封市。
把酒：手里拿着酒。
夕：晚上。
恐：恐怕，害怕。
琼楼玉宇：华美的建筑物。形容月宫中或仙家的宫殿华丽精美。
不胜：受不住，承担不了。胜，承受，经得起。
弄：玩赏。
何似在人间：天上怎么比得上人间生活的幸福。
转朱阁：照遍了华美的楼阁。
低绮户：低低地照进雕花的门窗里去。
照无眠：照着不能入眠的人。
何事：为什么。
长：总是。

阴晴圆缺,此事古难全。但愿人长久,千里共婵娟(chánjuān)。

婵娟:月亮。

苏轼四十一岁那年的中秋节,他赏月饮酒,写了这首词,表达了对人间生活的热爱和对弟弟苏辙的思念。作者认识到人世间的事情总是不可能十全十美,总是有痛苦和缺憾,但是他并不因此而失去信心,而是主张积极地去追求幸福的生活。

讨论题

1. 讨论专题报告中引用的古诗,尤其是《山居秋暝》、《无题》两首诗的压韵、节奏、对仗的情况。
2. 谈谈诗和词有什么相同和不同的地方。
3. 请两位同学任选课文中的两首诗词,在课堂上大声朗读。然后所有的同学来评论他们读得好不好。为什么?

综合练习

1. 熟读下列词语。

色彩绚丽	美丽动人	详细介绍	满足需要	逐渐形成
相思之苦	创作背景	风景秀丽	悠然自得	苍凉萧瑟
漂泊天涯	美丽的语言	无尽的回味	表现得淋漓尽致	

2. 选择合适的词语填空。

欲　亦　沙场　旷达　沉痛　悲愤　皎洁　殷勤
还　须　豪迈　回味　徘徊　哀婉　寂寞　相思

(1) 这首诗写得真好,让人(　　　)无穷。

(2) 苏轼虽然遭到了很多不幸,却一直保持着(　　　)的心情。

(3) 斜风细雨不(　　　)归。

(4) 天上那一轮(　　　)的明月,象征着人间的美好团圆。

(5) 他拔出长剑,(　　　)地说:"我一定要为死去的亲人报仇!"

(6) 我(　　　)乘风归去。

(7) 那个漂亮女孩刚刚坐下,他就上去(　　　　)地给她泡茶。

(8) 他在第一次和她见面的地方久久(　　　　)。

(9) 相见时难别(　　　　)难。

(10) 我刚刚来到中国的时候,没有认识的人,感到很(　　　　)。

(11) 她的信写得十分(　　　　),我知道她写信的时候一定流了不少的泪。

(12) 敌人入侵了我们的国家,战士们拿起武器奔向(　　　　)。

(13) 厂长(　　　　)地告诉大家,周总理逝世了。

(14) 明月何时照我(　　　　)?

3. 句型练习。

(1) 以……为主、以……为主要特色

① 《诗经》里诗歌的形式,以_____为主,我们现在叫它们"四言诗"。

② 英格兰足球队的战术以_____为主,而意大利队则以_____为主。

③ 四川菜以_____为主要特色。

④ _____以_____为主。

⑤ _____以_____为主要特色。

(2) 取得了/享有/具有/有着……的地位

① 七言诗在唐代确立下来,取得了_____的地位。

② 我的第一个恋人,在我心中_____特殊的地位。

③ 《魂断蓝桥》这部美国电影,在美国的名气并不大,但是在中国却非常受广大观众欢迎,_____的地位。

④ _____取得了/享有/具有/有着_____的地位。

(3) 从……来说、从……上(来)说、从……的角度(来)说

① 格律诗从_____上来说,可以分为五言、七言两大类;从_____上说,又可以分为三种:绝句、律诗、长律(又叫排律)。

② 从市场情况＿＿＿＿＿＿＿＿＿＿＿＿＿＿＿＿，现在再买这支股票，已经晚了。

③ 从＿＿＿＿＿来说,我讨厌他,不愿意和他做朋友。但是从＿＿＿＿＿＿来说,他是我老婆的哥哥,我又不得不和他保持表面上的客气。

④ 从＿＿＿＿＿＿＿＿＿来说,＿＿＿＿＿＿＿＿＿＿＿＿。

(4) 以/用……的语言,描写/表达/寄托/抒发/烘托……
① 李商隐的七言律诗《无题》,用＿＿＿＿＿的语言表达了＿＿＿＿＿。
② 余秋雨的散文,用优美古雅的＿＿＿＿＿,表达了对中国文化的深刻思考。
③ 周总理去世后,许多人用诗歌来寄托＿＿＿＿＿＿＿＿＿。
④ 李白的《月下独酌》,用＿＿＿＿,＿＿＿＿了＿＿＿＿＿。
⑤ ＿＿＿＿＿,用＿＿＿＿＿的语言,＿＿＿＿＿＿＿了＿＿＿＿＿。

4. **名词解释。**
　　压韵　　平仄　　对仗　　格律诗　　古诗　　乐府　　词牌　　双调

5. **如果以下面的词句作上联,试着给它们对出下联：**
(1) 月
(2) 柳叶
(3) 博雅塔
(4) 福如东海

6. **从"阅读"材料中选出你最喜欢的一首作品,写一篇不少于200字的短文。说说你为什么喜欢这首作品,并谈谈它在形式方面的情况。**

第七课

中国古代诗词鉴赏

专题报告

苏轼《念奴娇·赤壁[1]怀古》赏析

大江东去,浪淘尽,千古风流人物。故垒(lěi)西边,人道是,三国[2]周郎[3]赤壁。乱石穿空,惊涛拍岸,卷起千堆雪。江山如画,一时多少豪杰。

遥想公瑾当年,小乔初嫁了,雄姿英发。羽扇纶(guān)巾,谈笑间,樯橹(qiánglǔ)灰飞烟灭。故国神游,多情应笑我,早生华发。人生如梦,一尊还酹(lèi)江月。

苏轼的这首《念奴娇·赤壁怀古》,是北宋词坛上最为引人注目的作品之一。它是宋神宗元丰五年(1082)七月作者被贬谪(biǎnzhé)黄州时,在游赏黄冈城外的赤壁矶时写下的。

此词上阕,先即地写景,为英雄人物出场铺垫(pūdiàn)。开篇从滚滚东流的长江着笔,随即用"浪淘尽",把倾注不尽的大江与叱咤风云(chìzhà fēngyún)的历史人物联系起来,布置了一个极为广阔而悠久的空

赏析:欣赏、分析。
淘:冲洗。
千古:久远的年代。
风流人物:有影响的、优秀的、杰出的人物。
故垒:古时的军营四周所筑的墙壁。
人道是:人们传说是。
穿空:形容峭壁耸立,好像要刺破了天空似的。
千堆雪:形容很多白色的浪花。
小乔:周瑜的妻子。
英发:英气勃发。
羽扇:用长羽毛做的扇子。
纶巾:古代一种配有青丝带的头巾。
樯橹:船的代称。樯是船上挂帆的桅杆;橹是划船的桨。
故国:这里是旧地的意思。指古战场赤壁。
神游:在感觉中好像曾前往游览。
多情应笑我:应笑我多情。这是倒装句法。
华发:花白的头发。
尊:通"樽",酒器。
酹:把酒浇在地上祭奠。
贬谪:官吏降职并调往远方就任。
铺垫:陪衬;衬托。
叱咤风云:形容声势威力很大。

间时代背景。接着"故垒"两句,点出这里是传说中的古代赤壁战场。在苏轼写此词的八百七十多年前,东吴名将周瑜曾在长江南岸,指挥了以弱胜强的赤壁之战。当年的战场究竟在哪儿?向来众说纷纭(zhòngshuō fēnyún)。"人道是",这三个字极有分寸,表明作者无意进行历史地理的严密考证,而不过是借民间传闻来抒发怀古之幽情罢了。"周郎赤壁",既是拍合词题,又是为下阕缅怀(miǎnhuái)公瑾预伏一笔[4]。以下"乱石"三句,集中描写赤壁雄奇壮阔的景物:陡峭(dǒuqiào)的山崖散乱地高插云霄,汹涌的骇浪(hàilàng)猛烈地搏击着江岸,滔滔(tāotāo)的江流卷起千万堆澎湃(péngpài)的雪浪。这种从不同角度而又诉诸于不同感觉的浓墨健笔的生动描写,一扫平庸委靡(wěimǐ)的气氛,把读者顿时带进一个奔马轰雷、惊心动魄的奇险境界,使人心胸为之开阔,精神为之振奋!上片最后二句,总束上文,带起下片。"江山如画",这脱口而出的赞美,应是作者和读者从以上艺术地提供的大自然的雄伟画卷中自然而然地得出的结论。"地灵人杰",锦绣山河,必然产生、哺育(bǔyù)和吸引无数出色的英雄,三国正是人才辈出的时代:曹操、刘备、孙权、诸葛亮、周瑜……真可说是"一时多少豪杰"!

上片重在写景,将时间与空间的距离紧缩集中到三国时代的风云人物身上。但苏轼在众多的三国人物中,尤其向往那智破强敌的周瑜,所以下片由"遥想"领起五句,集中塑造青年将领周瑜的形象。作者在历史事实的基础上,挑选足以表现人物个性的素材[5],经过艺术集中、提炼和加工,从几个方面把人物刻画得栩栩如生。据史载,建安三年东吴孙策亲自迎请二十四岁的周瑜,授予他"建威中郎将"的职衔(zhíxián),并同他一齐攻取皖城。周瑜娶小乔,正在皖城战役胜利之时,而后十年他才指挥了有名的赤壁之战。此处把十年间的事集中到一起,在写赤壁之战前,忽插入"小乔初嫁了"这一生活细节,以美人烘托英雄,更见出周瑜的风姿潇洒、韶华似锦、年轻有为,足以令人艳羡。"雄姿英发,羽扇纶巾",是从肖像仪态上描写周瑜束装儒雅,风度翩翩(piānpiān)。着力(zhuólì)刻画其仪容装束,正反映出作为指挥官的周瑜临战潇洒从容,

---

众说纷纭:存在着各种各样的说法。
幽情:深远或高雅的情思。
缅怀:深情地怀念。
陡峭:山势高而陡峻。
骇浪:让人惊吓的巨浪。
滔滔:形容大水奔流的样子。
澎湃:形容波浪互相撞击。
委靡:精神不振作;意志消沉。
锦绣:色彩鲜艳,质地精美的丝织品,比喻事物的美好。
哺育:喂养;培养。
辈出:一批一批地相继出现。
栩栩如生:好像活的一样。形容生动,逼真。
职衔:职位和头衔。
风姿:风度姿态。
韶华:美好的年华。
艳羡:十分羡慕。
翩翩:形容举止洒脱(多指青年男子)。
着力:尽力;用力。

说明他对这次战争早已成竹在胸、稳操胜券。"谈笑间,樯橹灰飞烟灭",抓住了火攻水战的特点,精切地概括了整个战争的胜利场景。据《三国志》引《江表传》,当时周瑜指挥吴军用轻便战舰,装满干草枯柴,浸以鱼油,诈(zhà)称请降,驶向曹军,一时间火烈风猛,把曹军的大小船只烧了个干干净净。词中只用"灰飞烟灭"四字,就将曹军的惨败情景描绘得活灵活现。试看,在滚滚奔流的大江之上,一位卓异不凡的青年将军周瑜,谈笑自若地指挥水军,抗御不可一世的强敌,使对方的万艘舰船,顿时化为灰烬(huījìn),这是何等的气势!苏轼为什么如此向慕(xiàngmù)周瑜?这是因为他觉察到北宋军力的软弱和辽、西夏军事政权的严重威胁,他时刻关心边庭战事,有着一腔报国疆场的热忱(rèchén)。面对边疆危机的加深,目睹宋廷的委靡庸懦,他是多么渴望有如三国那样称雄一时的豪杰人物,来扭转(niǔzhuǎn)这很不景气的现状啊!

然而,眼前的政治现实和词人被贬黄州的坎坷(kǎnkě)处境,却同他振兴王朝的愿望和有志报国的壮怀大相矛盾,所以当词人一旦从神游故国跌入现实,就不免思绪深沉、顿生感慨,而情不自禁地发出自笑多情、光阴虚掷的叹惋(tànwǎn)了。自己年龄老大却壮志难酬(chóu),这同年华方盛即卓有建树的周瑜适成对照。结句的"人生如梦,一尊还酹江月",确实流露出了消沉的情绪,也是对人生的一种反思,在无可奈何中寻求自我解脱。"人生如梦"的慨叹,洒酒祭江的悲歌,只是追求与探索中的苦闷,而不是没落与颓废的感伤,因此仍不失豪迈的基调。

这首词将写景与抒情、议论与描述、怀古与伤今都巧妙地结合在一起。气势磅礴(pángbó),壮怀激烈,意境[6]开阔,有极强的感染力。宋代胡仔说东坡这首词"语意高妙,真古今绝唱"(见《苕溪渔隐丛话前集》卷五十九)。用词来歌颂古代英雄人物,抒发爱国主义情怀,题材的创新不断扩大着词的视野,也在突破传统格律的束缚(shùfù)。精炼洒脱的

成竹在胸	画竹前竹子的完美形象已在胸中。比喻处理事情之前已有完整的谋划打算。
稳操胜券	比喻有胜利的把握。
诈	欺骗。
惨败	惨重的失败。
卓异	高出于一般;出众。
自若	不拘束;不改变常态。
不可一世	形容人自以为高人一等,目空一切,今多含有讽刺的意味。
灰烬	物品燃烧后的剩余物。
向慕	向往;思慕。
边庭	边疆。
疆场	战场。
热忱	热情。
庸懦	平庸懦弱。
扭转	使事物的发展方向发生变化。
坎坷	道路高低不平;比喻不得志。
光阴虚掷	时间白白地浪费。
叹惋	叹惜;惋惜。
酬	实现。
消沉	情绪低落。
解脱	佛教用语,摆脱苦恼,得到自在。
基调	主要观点;基本思想。
磅礴	(气势)盛大。
壮怀	豪放的胸怀。
绝唱	指诗文创作的最高造诣。
束缚	捆绑,比喻约束限制。

笔触，豪健清旷的词风，给仍然盛行缠绵悱恻(chánmián fěicè)之调的北宋词坛带来一股清新的空气，"指出向上一路"（王灼《碧鸡漫志》），产生了深远的影响。

(根据上海辞书出版社1988年出版的《唐宋词鉴赏(jiànshǎng)词典·唐、五代、北宋》刘乃昌所作赏析文章和中华书局，2000年出版的《高中古诗词背诵推荐篇目精解》中关于本篇的赏析文章改写。)

笔触：书画、文章等的笔法；格调。
缠绵悱恻：形容内心悲苦难以排遣。
鉴赏：鉴别、欣赏。

专业词语

1 赤壁

　　山名。长江、汉水之间，以"赤壁"为名的地方共有五处。其中，较著名的有两处：(一)在今天湖北蒲圻县西北，长江南岸；(二)在今湖北黄冈县城西北，一名赤鼻山。屹立江滨，截然如壁，土石都带赤色，下有赤鼻矶。苏轼写《念奴娇·赤壁怀古》时贬居黄州，他所游的赤壁是后者。而三国时著名的"赤壁之战"的战场实际上是前者。208年，曹操率军二十余万南下，进攻孙权，遭到孙权、刘备五万联军的抵抗。孙刘联军利用曹军远来疲惫，流行疫疾，又不习水战，用火攻烧毁曹军船只于赤壁一带，曹军大败溃逃。战后不久，形成了曹、孙、刘三方鼎立的局面。

2 三国

　　中国历史时代名。220—280年。一般也把赤壁之战前后的东汉末年的历史划入三国时期。

3 周郎

　　周瑜(175—210)，字公瑾(jǐn)，三国时吴国名将。他被任命为"建威中郎将"的时候，"年二十四，吴中皆呼为周郎"。赤壁之战主要是他指挥的。

4 伏笔

　　文章里前段为后段埋伏的线索。

5 素材

　　实际生活中未经总结提炼的形象，文学、艺术的原始材料。

6 意境

　　文学艺术作品通过形象描写表现出来的境界和情调。

常见句型

一、不过……罢了

◎ 作者无意进行历史地理的严密考证,而不过是借民间传闻来抒发怀古之幽情罢了。

▲ 有"仅此而已"的意味,对句子的意思起冲淡的作用。

1. 她不是我的女朋友,我和她不过是普通朋友罢了。
2. 我不是什么英雄,我不过是履行我作为一名警察的职责罢了。
3. 他说他生病了,这不过是给他的旷课找一个借口罢了。

二、诉诸(于)

◎ 这种从不同角度而又诉诸于不同感觉的浓墨健笔的生动描写,一扫平庸委靡的气氛,把读者顿时带进一个奔马轰雷、惊心动魄的奇险境界。

▲ 说明:向……倾诉;按照某种方式办理。

1. 如果你仍然坚持不赔我钱的话,我就只好诉诸法律了。
2. 他把自己的激情诉诸于笔端,写出了大批优秀的诗篇。
3. 她把自己所有的秘密都诉诸于日记之中。

三、为之

◎ 这种从不同角度而又诉诸于不同感觉的浓墨健笔的生动描写,一扫平庸委靡的气氛,把读者顿时带进一个奔马轰雷、惊心动魄的奇险境界,使人心胸为之开阔,精神为之振奋!

▲ "之"就是"他／她／它(们)"。为之,为了他／她／它(们),因为他／她／它(们)。

1. 莫扎特的音乐实在是太有魅力了,所有的人都为之倾倒。
2. 他从一名优秀的企业家堕落为一个贪污犯,大家都为之痛心。
3. 刘翔打破了男子110米栏的世界纪录,全世界的人都为之惊叹。

四、不失(为)

◎ "人生如梦"的慨叹,洒酒祭江的悲歌,只是追求与探索中的苦闷,而不是没落与颓废的感伤,因此仍不失豪迈的基调。

▲ ①不失:没有失去。常常用来表示在拥有一种或几种优点的同时,也没有失去另外的优点。同时保留了各种优点。②不失为:动词。还可以算得上。

1. 她打扮得简洁而又不失妩媚。
2. 作为有一定专业技能的年轻人,进行自主创业不失为一个好的选择。
3. 他的演讲逻辑严谨而又不失风趣幽默。

专业知识

赋比兴

赋、比、兴是中国古代诗歌创作的基本手法。赋就是铺陈直叙,即诗人把思想感情及其有关的事物平铺直叙地表达出来。比就是比方,以彼物比此物,诗人有本事或情感,借一个事物来作比喻。兴则是触物兴词,客观事物触发了诗人的情感,引起诗人歌唱,所以大多在诗歌的发端。赋、比、兴三种手法,在诗歌创作中,往往交相使用,共同创造了诗歌的艺术形象,抒发了诗人的情感。

赋、比、兴的艺术手法,是最古老的诗歌总集《诗经》创立的,经过后世的发展,成为了我国古代诗歌独有的民族文化传统。尤其是比和兴,往往融合到一起,成为兼有比义的兴,更为后代诗人所广泛继承,比兴就成了一个固定的词,用来指诗歌的形象思维,或有所寄托的艺术表现形式。触物动情,运用形象思维的比兴,可以塑造出鲜明的艺术形象,构成情景交融的艺术境界。比兴的运用,形成了我国古代诗歌含蓄蕴藉、韵味无穷的艺术特点。

(根据袁行霈主编《中国文学史》,高等教育出版社,1999年8月,第一卷第72—79页改写。)

长歌行

汉乐府

青青园中葵,朝露待日晞(xī)。
阳春布德泽,万物生光辉。
常恐秋节至,焜(kūn)黄华叶衰。
百川东到海,何日复西归?
少壮不努力,老大徒伤悲。

赏析

这是一首借物言理的诗,分为两个层次。先由园中之葵起兴,"青青"比喻葵生长的茂盛,并有"朝露"的润泽。接着由葵而联想到万物,它们在春天的阳光雨露的滋润(zīrùn)之下,都在争相努力地生长,显出一派朝气蓬勃(zhāoqì péngbó)的景象。何以如此?原来它们都是那样地珍惜生命,深知秋风凋零(diāolíng)百草的道理,唯恐秋天很快地到来。生命本来是如此地短促(duǎncù),而时光又在不停地飞驰,它就如东流到海的百川那样一去不返。于是,诗人由眼前的美景而想到了人生易逝,大自然的生命节奏如此,人生又何尝不是这样?一个人如果不趁着大好时光而努力奋斗,让青春白白地浪费,等到年老之时后悔也来不及了。最后两句揭示出全诗的中心思想,出言警策,催人奋起。

这首诗的语言简练而质朴,但是在描写与说理之间却有极强的内在逻辑性。诗由眼前景物写起,有一种清新之气;由春光中万物的美好而想到秋日里的百草凋零,顺理而又自然。同样,由百草的凋零联想到人生的短促,由人生的短促又想到应该及时努力,这种由描写到说理的转换也让人感到特别的亲切,能直接打动人心。这种从

葵:向日葵。
朝露:早上的露水。
晞:干。
阳春:春天。
布:散布,给与。
德泽:恩惠,这里指春天的阳光雨露。
焜黄:枯黄。
华:同"花"。
百川:指所有的河流。川,河流。
滋润:增添水分,使不干枯。
朝气蓬勃:有活力,有生气;精力充沛。
何以:为什么。
凋零:草木凋谢零落。
唯恐:只怕。
短促:时间短暂而急促。
何尝:用反问的语气表示未曾或并非。

日常景物中归结出人生哲理的本领,是特别值得我们学习的。

(选自《高中古诗词背诵推荐篇目精解》,中华书局,2000年12月,第29页。)

登岳阳楼

杜 甫

昔闻洞庭水,今上岳阳楼。
吴楚东南坼(chè),乾坤(qiánkūn)日夜浮。
亲朋无一字,老病有孤舟。
戎马(róngmǎ)关山北,凭轩(xuān)涕泗(tìsì)流。

赏析

　　这首诗是唐代宗大历三年(768)冬,杜甫离开四川,到达岳阳时所作。诗人由夔州(Kuízhōu)出三峡,漂泊在江湘一带,一个偶然的机会登上了岳阳楼,面对洞庭湖气象万千的壮阔景象,忧国伤时之情涌上心头,写下了这首登楼诗。

　　首联二句写登岳阳楼的缘由:"昔闻"说明自己早就听说洞庭湖为天下之大观,"今上"是说游观的愿望竟得在暮年漂泊生涯中实现,这里交织着极复杂的感情。颔联写登楼所望洞庭湖之景:诗人登上岳阳楼,眼里看到的是湖江相连,茫无边际,大江以南吴地与楚地好像被它分割为二,日与月的辉光都容涵在浩淼(hàomiǎo)的湖水里。洞庭无边,日月带辉,而自己却如此飘零!颈联五、六句即写自己漂泊孤寂的身世。由于出川之后,举家一直过着船居的生活,与亲戚朋友的音信都断绝了,而自己全身都是病,已是五十七岁近老之人。诗人并没有仅仅想到个人当前漂泊无依的处境,而仍在心系国家的危难,于是转出尾联七八两句:北方战火正燃,郭子仪率兵五万驻屯(zhùtún)在奉天(今陕西乾县),防御吐蕃(Tǔbō)侵扰。由"老病孤舟"急转"戎马关山",胸襟(xiōngjīn)气象便成另一境界,

岳阳楼:湖南省岳阳县(今岳阳市)城西门楼,下临洞庭湖,是唐初修建的,为登览名胜。
昔:从前,以前。
吴楚:春秋战国时代,吴楚两国据有今江苏、浙江、安徽、湖南、湖北、江西等地。大体上洞庭湖东属于吴国,洞庭湖南属于楚国。
坼:裂开。
乾坤:天地,这里指日月。
戎马:战马,比喻战争。当时吐蕃屡次入侵。
轩:窗户。
涕泗:眼泪和鼻涕。
漂泊:比喻职业、生活不固定,东奔西走。
缘由:原因;缘故;来由。
暮年:晚年,老年。
浩淼:水面广阔。
飘零:(花叶等)凋谢脱落;飘落。比喻漂泊流落。
驻屯:驻扎。
吐蕃:我国古代民族,在今青藏高原。
侵扰:侵害干扰。
胸襟:指抱负、气量。

忧时之情,溢于言表;悲慨之中,将个人的命运与国家民族的命运紧密地联系在一起。

此诗意境壮阔,一向为人称道。"吴楚"二句是描摹洞庭的名句,诗人造语宏丽;"坼"、"浮"二字尤为奇警。"亲朋"二句抒情,悲凉孤寂。结尾二句转入忧伤国事,怀念故乡,收尾自然,与开首相应,"胸襟气象,一等相称"。

> **溢于言表**:(感情)流露在言辞、神情上。

(选自《高中古诗词背诵推荐篇目精解》,中华书局,2000年12月,第73页,略有改动。)

鹊桥仙

(宋) 秦 观

纤云弄巧,飞星传恨,银汉迢迢(tiáotiáo)暗度。金风玉露一相逢,便胜却人间无数。

柔情似水,佳期如梦,忍顾鹊桥归路?两情若是久长时,又岂在朝朝暮暮!

赏析

牛郎织女的故事是一个古老的神话传说,从先秦到汉唐,诗人吟咏不绝,内容多是同情牛郎织女的不幸命运,表达人民渴望夫妻团聚、家庭和美的良好愿望。秦观这首词推陈出新,不同凡响。

上片写牛郎织女渡河相会。秋云变幻,仿佛是织女的巧手在织造绚丽的云锦。双星闪烁,遥传离别的愁恨。"迢迢"写银河之宽,也暗示牛郎织女相会之难,相思之长。夜幕沉沉,星月微茫,故曰"暗度"。"金风"句化用李商隐《辛未七夕》之"由来碧落银河畔,可要金风玉露时"。他们的爱情是如此深挚(shēnzhì),却只能一年一度相聚,因而彼此格外珍惜,感情也格外炽烈(chìliè),所以词人赞叹:"便胜却人间无数。"

下片写牛郎织女依依惜别。寇准《夜度娘》云:"柔情不断如春水。"秦观浓缩为"柔情似水",省了三个字,却给读者留

> **鹊桥仙**:词调名。
> **秦观**:(1049—1100)字少游,一字太虚,号淮海居士,扬州高邮人。宋代文学家。
> **纤云弄巧**:纤细的云彩编织出各种巧妙的图案。
> **飞星**:指牛郎、织女二星。
> **银汉**:银河。
> **迢迢**:遥远。
> **金风**:秋风。
> **玉露**:白露。
> **胜却**:胜过、超过。
> **佳期**:好的日期,指欢会之时。
> **忍顾**:怎忍回头看。
> **朝朝暮暮**:日日夜夜,此指日夜相守。
> **推陈出新**:去掉旧事物的糟粕(zāopò),取其精华,并使它向新的方向发展。
> **不同凡响**:比喻事物不平凡。
> **碧落**:天空。
> **深挚**:深厚而真诚。
> **炽烈**:(火)旺盛猛烈。
> **依依**:形容留恋,不忍分离。
> **寇准**:(961—1023)字平仲,北宋政治家、诗人。
> **云**:说。

下了更多联想的空间。杜甫《羌村三首》其一云:"夜阑(yèlán)更秉(bǐng)烛,相对如梦寐(mèngmèi)。"晏几道《鹧鸪(zhègū)天》云:"今宵剩把银釭(gāng)照,犹恐相逢是梦中。"秦观从杜诗晏词中提炼出"佳期如梦",言简意赅(yánjiǎn yìgāi)地写出了牛郎织女苦苦期待、匆匆聚首、惆怅(chàngchàng)离别的情景。鹊桥本是相会之路,转瞬间化为久别的"归路",彼此都不愿意看到对方踽踽(jǔjǔ)独归的身影。"忍顾"二字,道出"相见时难别亦难"的苦楚。末二句一向被称为名句,意谓爱情贵在坚贞不渝,历久不衰,而不必终日厮守(sīshǒu),朝夕相伴。这固然是对世俗婚恋观的超越,但也未尝不是一种无可奈何的慰藉——夫妻久别,毕竟是不得已的。全词十句,六句写景抒情,四句议论。情景相生,景语亦是情语;议论新警,而又伴随情韵以行,故能独放异彩。至于化用前人佳句的技巧,倒在其次了。

夜阑:夜深。
秉:手拿着。
梦寐:睡梦;梦中。
晏几道:(1030—1106) 字叔原,号小山,北宋词人。
鹧鸪:一种鸟。
釭:油灯。
言简意赅:言语简明而意思完备。
惆怅:失意的样子。
踽踽:形容一个人走路孤零零的样子。
厮守:互相依靠,互相陪伴。

(选自《高中古诗词背诵推荐篇目精解》,中华书局,2000年12月,第107页。略有删节。)

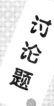

讨论题

1. 用你自己的话,谈谈你对专题报告和阅读材料中几首诗词的感受。
2. 我们在第六课、第七课接触了许多中国古代诗词。你对于中国古代诗词的艺术特点,有什么认识和看法?
3. 如果有时间,自己再去找几首古代诗词来读,然后把它们介绍给大家。

综合练习

1. 熟读下列词汇。

江山如画　　雄姿英发　　羽扇纶巾　　灰飞烟灭　　人生如梦
引人注目　　以弱胜强　　众说纷纭　　浓墨健笔　　惊心动魄

精神振奋	脱口而出	地灵人杰	自然而然	锦绣山河
人才辈出	风云人物	韶华似锦	年轻有为	令人艳羡
严重威胁	称雄一时	情不自禁	光阴虚掷	年龄老大
壮志难酬	卓有建树	气势磅礴	壮怀激烈	深远影响

2. 选择合适的词语填空。

| 鉴赏 | 缅怀 | 哺育 | 翩翩 | 扭转 | 坎坷 | 解脱 | 消沉 |
| 束缚 | 唯恐 | 短促 | 乾坤 | 漂泊 | 侵扰 | 迢迢 | 依依 |

(1) 在上次比赛失败以后,他变得很(　　　　),精神一直委靡不振。

(2) 中途岛(Midway)战役彻底(　　　　)了太平洋战场的局势。

(3) 爷爷十岁就离开家谋生,一生(　　　　)四方,经历了无数(　　　　)。

(4) 他在如此(　　　　)的时间里就圆满完成了任务,真的很让人佩服!

(5) 我千里(　　　　)地赶到上海,是为了参加一个同学聚会。

(6) 这小子(　　　　)天下不乱,老是挑拨别人的关系。

(7) 女儿出嫁了,我和老伴终于(　　　　)了,以后再也不用为她的终身大事操心了。

(8) 黄河水就像母亲的乳汁一样(　　　　)了中华民族。

(9) 她像一只美丽的蝴蝶,在舞台上(　　　　)飞舞着。

(10) 五四运动以后,许多年轻人冲破传统观念的(　　　　),勇敢地追求新的生活。

(11) 由于小镇上治安不好,他们的小商店常常被地痞流氓(　　　　)。

| 栩栩如生 | 叱咤风云 | 成竹在胸 | 稳操胜券 | 不可一世 | 缠绵悱恻 |
| 朝气蓬勃 | 溢于言表 | 朝朝暮暮 | 推陈出新 | 不同凡响 | 言简意赅 |

(12) 他的发言(　　　　),让听众一下子就了解了问题的实质。

(13) 这位画家画的猴子真是(　　　　),令人惊叹。

(14) "你找的这个工作真好!"他说,羡慕之情(　　　　)。

(15) 唉,真没想到,当年(　　　　)的一代拳王,今天竟然沦落为一个扫地的工人了。

(16) 一个小孩子,居然能够解答出这么难的数学题,真是(　　　　)!

(17) 曾经耀武扬威、(　　　　)的侵略者,现在终于被彻底消灭了。

(18) 在记者招待会上,教练自信满满,(　　　　)地说:"这次比赛,我们队(　　　　),一定可以拿到冠军！"

(19) 年轻人(　　　　),精力旺盛,应该树立远大的理想,作出一番大事业来。

(20) 这本爱情小说写得(　　　　),催人泪下。

(21) 这个研究小组不断(　　　　),获得了多项技术革新成果。

3. 句型练习。

(1) 不过……罢了

　① 作者无意进行历史地理的严密考证,而不过是_____罢了。

　② 我不和你吵架,并不是因为我怕你,而不过是_____罢了。

　③ _____,我不过是随便说说罢了。

　④ _____,不过_____罢了。

(2) 诉诸于

　① 这种从不同角度而又诉诸于_____的浓墨健笔的生动描写,一扫平庸委靡的气氛,把读者顿时带进一个奔马轰雷、惊心动魄的奇险境界。

　② 他心中的苦闷无处发泄,只好诉诸于_____。

　_____,_____诉诸于武力。

　③ _____,_____诉诸于_____。

(3) 为之

　① 这种从不同角度而又诉诸于不同感觉的浓墨健笔的生动描写,一扫平庸委靡的气氛,把读者顿时带进一个奔马轰雷、惊心动魄的奇险境界,使人心胸为之_____,精神为之_____!

　② 去年,他的女朋友和他分手了,直到现在他还在为之_____。

③ _____，_____ 为之感叹。

④ _____，_____ 为之 _____。

(4) 不失(为)

① "人生如梦"的慨叹，洒酒祭江的悲歌，只是追求与探索中的苦闷，而不是没落与颓废的感伤，因此仍不失 _____。

② 他的书法，典雅庄重而又不失 _____。

③ 虽然他有着一些小缺点，但是从总体上来说，仍然不失为 _____。

④ 这首歌 _____，_____ 不失(为) _____。

⑤ _____，_____ 不失(为) _____。

4. **名词解释。**

   伏笔   素材   意境   赤壁之战

5. **从第六课的专题报告或阅读材料中选出你最喜欢的一首作品，写一篇不少于200字的赏析文章。**

第八课

中国的古文

专题报告

中国的古文

中国文章的渊源(yuānyuán)可以追溯(zhuīsù)到殷商(Yīnshāng)卜辞(bǔcí)[1],然而成篇的散文却只能追溯到《尚书》。其中的《商书》是殷商的一些历史文献,《周书》大多是西周初期的文献。这些散文十分难懂。

相传鲁太史左丘明所著《左传》,是《春秋左氏传》的简称。《春秋》是孔子根据鲁国的史料编纂(biānzuǎn)的一部编年史[2],但它只是一部大事记,记述十分简要。《左传》就是为阐释(chǎnshì)《春秋》而写的,详细地叙述了事件的本末,以及有关的轶闻琐事(suǒshì),虽然是历史著作,却有很强的文学性。描写战争、刻画人物都很出色。《齐晋鞌(Ān)之战》、《晋公子重耳之亡》等已成为脍炙人口的篇章。《战国策》是战国末年和秦汉间人所纂集的一部历史著作,主要记录战国时代游说(yóushuì)之士的策谋,所以叫《战国策》。按国别划分,以记言为主。《邹忌讽齐王纳谏(nàjiàn)》是其中的名篇。

在先秦诸子散文中,记述孔子言行的《论语》,语言简洁明快,多有格言警句;记述孟子言行的《孟子》,以气势胜,富有雄辩的力量。《庄子》想象丰富,挥洒自如,另有一种雄奇的

渊源:比喻事情的本原。
追溯:逆流而上,向江河发源处走,比喻探索事物的由来。
殷商:商代。
太史:古代史官。
编纂:编辑(多指资料较多、篇幅较大的著作)。
大事记:把重大事件按年月日顺序记载,以便查考的材料。
阐释:阐述并解释。
琐事:细小零碎的事情。
游说:各处奔走,劝说别人接受某种意见或主张。
策谋:计谋。
纳谏:君主采纳臣下的直言规劝。
明快:明白流畅。
警句:简洁而含义深刻动人的句子。
雄辩:强有力的辩论。
挥洒:比喻写文章、画画运笔不拘束。

气势。

汉代最著名的散文家是司马迁³,他的《史记》是中国第一部纪传体⁴史书。《史记》善于刻画人物、叙述事件,有不可磨灭的文学价值。其中的一些人物传记,如《项羽本纪》、《廉颇蔺相如(Lìn Xiàngrú)列传》、《魏公子列传》等,简直可以当成纪实小说来读。汉代的政论文也很发达,贾谊《过秦论》、晁错(Cháo Cuò)《论贵粟书》等都十分精彩。

魏晋时期,诸葛亮⁵的《出师表》表达了对蜀汉的忠诚,陶渊明⁶《桃花源记》则虚构了一个和谐美好的理想社会,这些都是非常著名的文章。

对偶句早在先秦散文中已经出现,东汉散文在辞赋影响下更加注意对偶,**魏晋时期散文骈(pián)化的趋势日益明显,并初步形成骈文**。骈文是中国特有的一种文体,骈文是与散文相对而言的。它有三个特点:第一是讲究对偶,又多用四六句,因为两句两句地对偶,好像并驾的两匹马,所以叫骈文。第二是语音方面讲究平仄。第三是多用典故和华丽的词藻⁷。可以说骈文是一种诗化的散文。在南朝时,由于汉语声韵理论的发展,骈文的体制变得更加严密。当时连应用文也采取骈文的形式,刘勰(Liú Xié)⁸的文学理论著作《文心雕龙》也是用骈文写成的。梁代的丘迟有一篇著名的书信《与陈伯之书》,是劝说投降了北魏的陈伯之再归降梁朝,陈伯之果然率兵八千来降。还有些短篇的骈文写得隽秀(jùnxiù)清新,如陶宏景的《答谢中书书》、吴均的《与朱元思书》等。

北朝散文的名著有北魏郦道元的《水经注》、杨衒之(Yáng Xuànzhī)的《洛阳伽蓝(qiélán)记》。

隋和初唐沿袭南朝余风,骈文仍然广泛流行,王勃的《滕王阁序》中"落霞与孤鹜(wù)齐飞,秋水共长天一色"两句尤其为人所传诵。此外如骆宾王的《为徐敬业讨武曌(Wǔ Zhào)檄》也是名篇。

骈文的出现丰富了文学体裁,也丰富了艺术表现力,本来是有积极意义的。可是过于追求语言的形式美,也会导致文风的华而不实。所以早在南北朝时就有人提出批评,隋和初唐也不断有人出来呼吁(hūyù)改革文风,但是直到中唐韩愈⁹和柳宗元¹⁰配合儒学复古思潮,大力提倡古文,并写出许多优秀的作品,才改变了文坛的局面,一般文学史著作都称之为"古文运动"。韩柳的主

不可磨灭:	指功绩、印象永久存在而不会消失。
骈:	二马并驾。这里是并列、对偶的意思。
日益:	一天比一天更加,越来越。
体制:	文体的格局;体裁。
隽秀:	即"俊秀",清秀美丽。
伽蓝:	佛寺。
余风:	遗风,遗留下来的风气。
鹜:	野鸭。
武曌:	武则天(624—705),唐朝的女皇帝。
华而不实:	只开花不结果,比喻外表好看,内容空虚。
呼吁:	向个人或社会申述,请求援助或主持公道。
文坛:	指文学界。

张是"文道合一",韩愈说:"通其辞者,本志乎古道者也。"柳宗元说:"文者以明道。"他们所谓"道"就是以孔孟为正宗的儒家思想体系。他们力求创立一种新的具有自然的语法规范的文学语言,并用它来建立自由流畅的新散文。韩愈和柳宗元的创作,实践了他们的主张。韩愈的《师说》、《杂说》、《张中丞传后叙》,柳宗元的《永州八记》(八篇山水游记),已成为脍炙人口的佳作。

韩愈提倡的古文虽然在当时影响颇大,但骈文仍在自身的变革中得到发展。与韩柳同时的陆贽(Lù Zhì)以其浅近而精警的骈体奏议[11]而著称,到晚唐又有李商隐善写四六骈文用于公文。李商隐的骈文在晚唐五代和北宋前期,成为政府公文的楷模。直到北宋中叶的欧阳修、王安石、苏轼再一次掀起古文运动,才确立了韩柳古文的传统。欧阳修[12]的《醉翁亭记》、王安石[13]的《答司马谏议书》、苏轼的《石钟山记》都是难得的佳作。

正宗:	正统的,嫡传的。
楷模:	值得学习的人或事物;榜样。
局限:	限制在狭小的范围内。
僵化:	变僵硬;停止发展。
旁支:	家族、集团等系统中不属于嫡系的支派。
蔚为大观:	丰富多彩,成为盛大的景象。
性灵:	指人的精神、性情、情感等。
拟古:	模仿古代的风格、形式,特指模拟古人的诗文。
蹈袭:	因袭,走别人走过的老路。
称道:	称赞。

元明清三代,戏曲小说兴盛起来,而诗文等封建社会的正统文学的成就已不能和唐宋相比。四六骈文局限于公文的范围,成为僵化(jiānghuà)的官样文章。清代用以取士的八股文是骈文之旁支,因为对人的思想束缚太大,其文学成就难以蔚为大观。

散文的创作,明代有前后七子,主张"文必秦汉";归有光、王慎中等唐宋派则提倡唐宋古文;以袁宏道为代表的公安派提倡性灵,也就是表现作者个性化的思想感情,而反对各种拟古蹈袭(dǎoxí)。明代散文中,刘基的《卖柑者言》、宗臣的《报刘一丈书》、归有光的《项脊轩志》、袁宏道的《徐文长传》、张溥(Zhāng Pǔ)的《五人墓碑记》都是名篇。特别值得注意的是晚明小品,其中多有清新之作,代表着晚明散文的新方向。晚明小品的一大特点是生活化和个人化,多有个人生活情趣的抒发。张岱(Zhāng Dài)是晚明小品文的能手,其《湖心亭看雪》、《西湖七月半》等都为人所称道。

清初散文家有侯方域、魏禧(Wèi Xǐ)、汪琬(Wāng Wǎn)等人。侯方域继承唐宋古文传统,而更加委曲详尽,影响最大。清代的桐城派是一个著名的散文流派,主要作家有方苞、刘大櫆(Liú Dàkuí)、姚鼐(Yáo Nài)等,他们都是安徽桐城人,桐城派即由此得名。他们的路线是通过唐宋派上追韩愈,在内容方面鼓吹封建正统观念,在形式上企图建立一套艺术法则,并提倡文章与学术的沟通,其影响一直到清末。方苞的《狱中杂记》、姚鼐的《登泰山记》都是名篇。

清代骈文有一位名家汪中,他的《哀盐船文》写扬州江面盐船失火,死伤无数的惨状,被人誉为"惊心动魄,一字千金"。

(根据袁行霈《中国文学概论(彩图本)》,高等教育出版社,2006年6月,
第五编第一章,360—383页,改写。)

专业词语

1　卜辞

　　商代把占卜的时间、原因、应验等刻在龟甲或兽骨上的记录。凡祭祀、征伐、田猎、出入、年成、风雨、疾病等常用龟甲兽骨占卜吉凶,偶尔也有少数记事文字。又称"甲骨文"。

2　编年史

　　我国传统史书的一种体裁,按年、月、日编排史实。

3　司马迁(前145?—前87?)

　　字子长,生于夏阳龙门(今陕西韩城)。西汉伟大历史学家。

4　纪传体

　　我国传统史书的一种体裁,主要以人物传记为中心,叙述当时的史实。"纪"是帝王本纪,列在全书的前面,"传"是其他人物的列传。它创始于汉代司马迁的《史记》。

5　诸葛亮(181—234)

　　字孔明,琅琊阳都(今山东沂南)人。三国时期蜀汉的丞相,著名政治家、军事家。

6　陶渊明(365—427)

　　又名潜,字元亮,号五柳先生,寻阳柴桑(今江西九江附近)人。东晋著名诗人。

7　词藻

　　又作"辞藻"。诗文中蓄意加工的华丽辞语,常指运用的典故和古人诗文中的现成词语。

8　刘勰(466—520)

　　字彦和,祖籍东莞莒(jǔ)(今山东莒县),世居京口(今江苏镇江)。南朝齐梁时期著名文艺理论家。

9 韩愈(768—824)

　　字退之,河阳(今河南孟县)人。唐代著名文学家、思想家。

10 柳宗元(773—819)

　　字子厚,河东(今山西永济)人。唐代著名文学家、思想家。

11 奏议

　　臣子向帝王呈递的意见书。

12 欧阳修(1007—1072)

　　字永叔,号醉翁,晚年又号六一居士,庐陵(今江西吉安)人。北宋著名文学家。

13 王安石(1021—1086)

　　字介甫,晚号半山,抚州临川(今江西临川)人。北宋著名文学家、政治家。

常见句型

一、日益

◎ 魏晋时期散文骈化的趋势日益明显,并初步形成骈文。

▲ 在一个较长的时间段里,某件事情越来越……。

1. 随着经济的发展,人民的生活水平日益提高。
2. 爷爷的病情日益恶化,我们全家都很担心。
3. 我在北京已经住了3年了,对这里的喜爱日益加深。

二、所谓(的)

◎ 他们所谓"道"就是以孔孟为正宗的儒家思想体系。

▲ 所谓,即人们所说的。用"所谓"提出一个词或短语,然后加以解释、说明或揭秘。有时有讽刺、幽默的意思。"所谓"引导的分句有时也可以放在用于解释的分句的后面。

1. 他所谓的"乒乓球高手"原来就是他的弟弟。
2. 所谓"超女",就是指湖南卫视举办的名为"超级女声"的节目的参与者。
3. 所谓浪漫,就是两个人一起做傻事,还能得到周围人羡慕的眼光。
4. 两个人一起做傻事,还能得到周围人羡慕的眼光,这就是所谓"浪漫"。

三、以……(而)著称

◎ 与韩柳同时的陆贽以其浅近而精警的骈体奏议而著称。

▲ 因为某种原因而很著名。
1. 这位总理素以作风强硬而著称。
2. 西亚地区以盛产石油著称。
3. 这支军队以进攻快速凶猛著称。

专业知识

辞 赋

辞、赋是两种互不相同而又关系密切的文体。汉代人常把辞和赋统称为"辞赋",或干脆统一称为"赋"。

辞因产生于战国楚地而叫"楚辞",以屈原《离骚》为代表,所以又称"骚体"。屈原创立的楚辞体,一直被后来历代作家所学习、仿效。这种文学体裁不但对于汉赋的产生和发展有很大影响,而且对于我国后世五、七言体诗歌的产生和发展也有很大的影响。

赋的名称始于战国时代赵国人荀卿(荀子)的《赋篇》,到汉代形成了一种特定的文体。它继承了楚辞形式上的一些特点,又较多地运用散文手法,与辞已不相同。赋在汉代是最为发达的文体。枚乘的《七发》是汉赋正式形成的第一篇作品,其后出现了汉赋四大家:司马相如、扬雄、班固、张衡。司马相如的《子虚赋》、《上林赋》,扬雄的《甘泉赋》、《河东赋》,班固的《两都赋》,张衡的《二京赋》,都是汉代散体大赋著名的篇章。

楚辞体和汉赋体的主要不同是:赋一般是主客问答体,通过主人和客人的反复问答,演成为叙事的形式,它不是抒情,而是铺陈词藻,咏物说理。楚辞虽然也富于文采,描写细致,往往也含有某些叙事成分,但它却是以抒发个人感情为主的作品,是真正的诗歌。

赋在发展过程中,又逐渐地骈俪化,在魏晋的时候发展为骈赋,又称俳(pái)赋。后来到了唐宋时代,又有律赋和文赋。

阅读

与朱元思书

(南朝梁) 吴 均

风烟俱净,天山共色。从流飘荡,任意东西。自富阳至桐庐,一百许里,奇山异水,天下独绝。

水皆缥(piǎo)碧,千丈见底。游鱼细石,直视无碍。急湍(tuān)甚箭,猛浪若奔。

夹岸高山,皆(jiē)生寒树,负势竞上,互相轩邈(xuānmiǎo);争高直指,千百成峰。泉水激石,泠泠(línglíng)作响;好鸟相鸣,嘤嘤(yīngyīng)成韵。蝉(chán)则千转不穷,猿(yuán)则百叫无绝。

鸢飞戾天(yuānfēi lìtiān)者,望峰息心;经纶(jīnglún)世务者,窥(kuī)谷忘反。横柯(héngkē)上蔽,在昼犹昏;疏条交映,有时见(xiàn)日。

俱:都。
从流:顺着江流。
任意:随意。
富阳:县名,在浙江省富春江下游,今属杭州市。
桐庐:县名,在富阳的西南,今属杭州市。
许:表示约数。大约,左右。
独绝:独一无二,绝无仅有。
缥碧:浅青色。
丈:中国长度单位。一丈等于十尺。
湍:急流的水。
甚箭:甚于箭,比箭还快。
若:如,像。
夹岸:两岸。
皆:都。
负势:凭借地势。
轩邈:高远。
激:冲击。
泠泠:形容水声清亮。
嘤嘤:鸟鸣声。
韵:和谐动听的声音。
蝉:知了。
转:通"啭",本来指鸟鸣,这里指蝉唱。
猿:猴子。
无绝:不绝,不断。
鸢飞戾天:鸢,鹰类猛禽,这里比喻在仕途上追求高位的人。戾,至,到。
息心:平息追名逐利之心。
经纶:整理丝缕,理出丝绪叫经,编丝成绳叫纶。引申为筹划、治理。
世务:时务、政务。
窥:观看。
反:同"返"。
横柯:横斜的树枝。
蔽:遮蔽,遮盖。
在昼犹昏:在白天也仍然像黄昏那样阴暗。
疏条:稀疏的枝条。
见:同"现",出现,显现。

今译

风尘和烟雾都消散得一干二净,天空和山峦呈现出一样的颜色。我乘船顺着江流而下,任凭船儿或东或西地飘荡。从富阳到桐庐,大约有一百来里,沿途的奇山异水,在天下独一无二。

江水都是浅青色的,即使千丈也能够看见水底。江中的游鱼和江底的细石,一直看下去都可以看得很清楚,毫无障碍。湍急的水流比箭的速度还快,汹涌的波浪就如奔腾的骏马。

留连忘返:留恋不止,舍不得离去。

两岸的高山上,都长满了使人感到寒意的树木。那些高山凭借高峻的地势争着向上,互相争着向更高更远处伸展。它们都争着向高处笔直地指向天空,形成了千百个山峰。泉水冲击着石头,泠泠地发出响声。美丽可爱的鸟儿争相鸣叫,发出和谐悦耳的声音。蝉儿唱个不停,猿猴叫声不绝。

那些像猛禽往天空高飞一样追求高位的人,如果看到这些秀丽的山峰,也会平息那热衷功名的心。那些处理政务的人,如果看到这幽美的山谷,也会留连忘返。横斜的树枝在上面遮蔽着光线,即使在白天也仍然像黄昏那样阴暗;稀疏的树木枝条交互掩映,有时还有阳光透过缝隙射进来。

杂说(其四)

(唐) 韩 愈

伯乐:姓孙名阳,春秋秦穆公时候的人,以善于相马著称。
奴隶人:养马的仆人。
骈:这里是并列、一块的意思。
槽枥:马槽,盛饲料的器具。
尽:这里指吃完。
粟:小米。
石:容量单位,十斗为一石。
食:这里是动词,同"饲"。食马者,指喂马的人。
是:这。
见:通"现",表现出来。
安:怎么。
策:马鞭。这里作动词用,鞭打。
道:办法,方法。
材:材质,美好的品质。
鸣:呼唤,吆(yāo)喝。
执:拿着。
曰:说。
邪:疑问词,相当于"吗"。
相:观察事物的外表,判断其优劣。

世有伯乐,然后有千里马;千里马常有,而伯乐不常有。故虽有名马,只辱于奴隶人之手,骈死于槽枥(cáolì)之间,不以千里称也。

马之千里者,一食或尽粟(sù)一石(dàn)。食(sì)马者不知其能千里而食也。是马也,虽有千里之能,食不饱,力不足,才美不外见,且欲与常马等不可得,安求其能千里也?

策之不以其道,食之不能尽其材,鸣之而不能通其意,执策而临之,曰(yuē):"天下无马。"呜呼!其真无马邪(yé)?其真不知马也!

今译

世界上有了伯乐,才能发现千里马。千里马是经常有的,而善于相(xiàng)马的伯乐却不是经常有。所以即使有名马,也只是在养马的仆人手里遭受屈辱,和普通的马一块死在马槽间,不被人称为千里马。

那些能够日行千里的马,吃一顿饭,有时就要吃掉一石米。而那些喂马的人,不知道它能够日行千里,而把它当作普通的马来饲养。这样的马,虽然有日行千里的能力,却吃不饱,力气不足,出色的才能不能表现出来,要想和平常的马一样都办不到,怎么能够要求它日行千里呢?

不按照对待千里马的办法鞭策它,喂食又不能满足它的材质所需,使唤吆喝它的时候又不能明白它的心意,拿着马鞭站在它面前,却说:"天下没有好马。"唉!难道真的是没有好马吗?还是他们真的不能识别千里马呢!

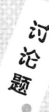

1. 比较"阅读"中《与朱元思书》和《杂说(其四)》两篇文章,说说它们各自的特点,看看它们之间有什么不同。
2. 什么是古文运动?
3. 中国的古文和你们国家的古文有什么相同点和不同点?

 综合练习

1. 熟读下列词语。

简洁明快	格言警句	想象丰富	挥洒自如	沿袭余风
广泛流行	积极意义	改变局面	思想体系	语法规范
掀起运动	确立传统	生活情趣	为人称道	由此得名
正统观念	艺术法则	华丽的词藻		

2. 选择合适的词语填空。

| 琐事 | 游说 | 明快 | 雄辩 | 体制 | 呼吁 | 不可磨灭 | 华而不实 |
| 正宗 | 楷模 | 局限 | 僵化 | 称道 | 伯乐 | 蔚为大观 | 留连忘返 |

(1) 中国的经济(　　　)改革已经取得了很大的成效。

(2) 家庭(　　　)极大地分散了我的精力,让我难以好好读书、思考。

(3) 这首乐曲节奏(　　　),旋律优美,深受人们喜爱。

(4) 这栋新建的大厦(　　　),虽然外表看上去很气派,但是实际上却并不实用。

(5) 这个地方真漂亮,我每次来都是(　　　　)。

(6) 你是一个好演员,如果遇上一个好(　　　　),你会大红大紫的。

(7) 联合国秘书长(　　　　)两国政府保持克制,尽一切可能避免武装冲突。

(8) 他聪明勤奋,成绩非常优秀,一直是我学习的(　　　　)。

(9) 他们为民族独立作出了(　　　　)的贡献。

(10) 在北京有许多的湖南菜馆,在我吃过的中,就数这一家最(　　　　)了。

(11) 你这个人思想太(　　　　)了。不要把眼光(　　　　)在这点小小的利益上,要放开眼光,看到更加长远的利益。

(12) 他最为人所(　　　　)的,就是他那滔滔不绝的口才。他可真是一个(　　　　)家。

3. 句型练习。

(1) 日益

① 魏晋时期散文骈化的趋势日益_____并初步形成骈文。

② 经过多年的不懈努力,我们的公司日益_____,成为了一家跨国大公司。

③ 在经过了多次沉重打击之后,_____日益_____。

④ _____,_____日益_____。

(2) 所谓(的)

① 他们所谓道就是_____。

② 他老是说自己有特异功能,可以用耳朵"听"出写在纸上的字来。经过调查我们发现,原来他所谓的_____不过是一种骗人的小魔术而已。

③ 所谓"北约",就是_____。

④ 所谓_____,就是_____。

(3) 以……(而)著称

① 与韩柳同时的陆贽以_____而著称。

② 这种新型飞机以_____而著称。

③ 我的家乡以_____而著称。

④ _____以_____而著称。

4. **名词解释。**

　　骈文　　词藻　　古文运动

5. 从阅读材料的两篇作品中选出你喜欢的一篇,或者自己另外找一篇,写一篇不少于200字的短文,说说你为什么喜欢这首作品。

第九课

中国的电影(选修)

专题报告

中国电影导演[1]的分代

从 1905 年第一部国产影片《定军山》问世以来,中国的电影已经走过了风雨百年的历程。在这一百年中,许许多多的中国电影人付出了自己毕生的精力,推动着民族电影业的前进。在电影的创作过程中,导演处于最核心的位置,人们往往把一部电影当作是一个导演的作品。在中国电影的百年发展过程中,共出现了六代导演。中国电影导演分代的提法,不是电影理论家经过周密的思考提出来的,而是在约定俗成中形成的,代与代之间往往是师承关系。下面我们就简略地介绍一下。

一般认为郑正秋、张石川等中国电影的拓荒者(tuòhuāngzhě)为第一代导演,他们活跃于二三十年代无声片[2]时期。1913 年,郑正秋与张石川合组新民公司,共同编导了中国第一部短故事片《难夫难妻》。1922 年,他们又共同创办了明星影片公司。郑正秋的代表作是《姊妹(zǐmèi)花》(1933),以妇女和家庭伦理道德为题材,笔触深入社会矛盾,揭示了贫富对立的不平等现象。张石川导演的影片的特点是故事性强,通俗易懂,在当时很受市民阶层欢迎,其代表作是《孤儿救祖记》(1923),以及中国第一部有声片《歌女红牡丹》(1931)等。

第二代导演是第一代的学生辈,代表人物有蔡楚生、孙瑜、吴永刚、费穆、沈浮、袁牧之、应云卫等,他们活跃于三四十年代有声片[3]时期。蔡楚生的《渔光曲》(1934)描写了一个穷苦的渔民家庭的悲惨遭遇,有着动人的力量,在 1935 年的莫斯科国际电影节上获得了"荣誉奖",这是中国电影首次获得的国际性奖项。吴永刚的《神女》(1934),表现了一个下层妓女的不幸遭遇和崇高

约定俗成:指某种事物的名称或社会习惯是由人们经过长期的实践而认定或形成的。
拓荒者:开垦荒地的人。
姊妹:姐妹。

的母爱。袁牧之编剧、应云卫导演的《桃李劫》(1934)，是中国电影史上第一部真正遵循(zūnxún)有声电影观念并获得成功的影片。**袁牧之的《马路天使》(1937)，被誉为20世纪30年代有声片艺术探索的集大成者**。蔡楚生、郑君里的《一江春水向东流》(1947)，以一个具体的家庭作为例子，描述了中国抗日战争前后的历史进程，情节悲壮而极富感染力。沈浮的《万家灯火》(1948)和费穆的《小城之春》(1948)，是抗战结束后"灵魂的写实主义"影片创作中两部非常重要的作品。它们分别从日常生活和情感生活这两个不同的方面，对人的灵魂进行了深刻的展示。

　　第三代导演又是第二代导演的学生，如郑君里、谢晋、水华、成荫、崔嵬(Cuī Wéi)、汤晓丹、凌子风、谢铁骊(Xiè Tiělí)等。他们最辉煌(huīhuáng)的时期是五六十年代，他们中的很多人，在"文革"结束后，又重新活跃在工作岗位上。水华的《伤逝》(1981)、崔嵬的《小兵张嘎》(1964)、成荫的《西安事变》(1981)、凌子风的《骆驼祥子》(1982)、谢铁骊的《早春二月》(1962)等，都取得了较高的成就。在第三代导演中，艺术生命最长、成就最高的当推谢晋。他的电影有着深沉的历史使命感和忧患(yōuhuàn)意识，勇敢地表现人情、人性，塑造了大量鲜活的人物。他的著名作品有《红色娘子军》(1960)、《舞台姐妹》(1965)、《天云山传奇》(1980)、《牧马人》(1982)、《高山下的花环》(1985)等。谢晋水平最高的作品是《芙蓉镇》(1986)，它在所有批判"文革"的电影中是最出色的一部大片，从容地展现了在漫长的时间长河里中国社会的风云激荡，是功力超群的力作。

　　第四代导演大多毕业于"文革"前的北京电影学院(也有上海电影学校及各电影厂自己培养的)，他们长期给老导演当助手，直到文革结束后的70年代末、80年代初才有了独立拍摄影片的机会，显示出自己的艺术才能，如吴贻弓(Wú Yígōng)、谢飞、郑洞天、张暖忻(Zhāng Nuǎnxīn)、黄蜀芹(Huáng Shǔqín)、吴天明、胡炳榴、黄健中、丁荫楠、杨光远等。他们注重写实，注重电影的文学价值，满怀着人道主义理想，拍出了不少优秀的影片。如吴贻弓的《巴山夜雨》(1980)，《城南旧事》(1982)，王启民、孙羽的《人到中年》(1982)，丁荫楠的《孙中山》(1986)，谢飞的《湘女萧萧》(与乌兰合作，1986)、《本命年》(1989)、《香魂女》(1993)，黄蜀芹的《人鬼情》(1987)，吴天明的《人生》(1984)、《老井》(1987)等。

　　20世纪80年代是一个思想解放、不断创新的时代，也是中国电影的黄金时代。第五代导演就在

遵循：遵从；依照。
集大成：集中某类事物的各个方面，达到相当完备的程度。
辉煌：光辉灿烂；(成绩等)显著、卓著。
使命感：重大的责任感。
忧患：忧虑，患难。
功力：在技艺或学术上的造诣。
超群：超过多数人。
力作：精心完成的功力深厚的作品。
人道主义：提倡关怀人、尊重人、以人为中心的世界观。

此时横空出世,真是生逢其时。他们大多于1982年毕业于北京电影学院(包括其后的进修班),如陈凯歌、张艺谋、田壮壮、张军钊(Zhāng Jūnzhāo)、吴子牛等。他们毕业后很快有了独立拍片和展示才能的机会,成为中国电影大军中最重要的一支队伍,并开始深刻地影响着中国电影的未来走向。他们创造力旺盛,勇于作各种尝试,突破了许多艺术禁区,大大地拓展了中国电影的表现空间。张军钊的《一个和八个》(1984)、田壮壮的《猎场扎撒》(1985)、吴子牛的《晚钟》(1987)、何平的《双旗镇刀客》(1990)都是很杰出的作品。第五代导演中成就最高的还得数张艺谋和陈凯歌,这两位导演卓越的艺术贡献已经被国际电影界公认,成为了具有国际影响力的导演。

> 出世:问世;产生。
> 禁区:禁止随意进入或触动的地区。
> 造型:创造物体形象。
> 渲染:比喻夸大的形容。
> 棕榈:一种长绿乔木。
> 情怀:含有某种感情的心境。
> 非凡:超过一般;不寻常。

张艺谋是一个形式主义大师,他注重空间造型,注重色彩和声音效果,非常善于渲染(xuànrǎn)浓烈的情感。而且他是一个不断求新求变的艺术家,不断地改变着自己的创作风格。他的《红高粱》(1987)荣获第38届柏林国际电影节[4]金熊奖。此后,他又拍了许多有影响的影片,如《菊豆》(1990)、《秋菊打官司》(1992)、《大红灯笼高高挂》(1992)、《活着》(1994)、《我的父亲母亲》(1999)、《英雄》(2002)、《千里走单骑》(2005)等。**陈凯歌号称"学者型导演",他的电影充满了深刻的哲理性和文化性,是集"优美"和"崇高"于一体的艺术精品。**他早期的《黄土地》(1984)是中国新电影最早的开拓性作品及优秀代表作。其后的《大阅兵》(1986)、《孩子王》(1987)、《边走边唱》(1991)等电影也都有着极强的探索性。他最成功的作品是《霸王别姬(Bàwáng Bié Jī)》(1992),荣获第46届戛纳国际电影节[5]金棕榈(zōnglú)大奖。

90年代开始拍电影的年轻导演,被称为第六代导演,如姜文、张元、王小帅、贾樟柯(Jiǎ Zhāngkē)、娄烨(Lóu Yè)、路学长、章明、陆川等。他们的电影强调写实性、原创性,带有浓厚的个人色彩,与主流社会保持距离。代表作有姜文的《阳光灿烂的日子》(1995)、《鬼子来了》(2000),贾樟柯的《小武》(1997)、《站台》(2000)、《三峡好人》(2006),张元的《北京杂种》(1993),王小帅的《十七岁的单车》(2001),娄烨的《苏州河》(1999),路学长的《长大成人》(1995)、《卡拉是条狗》(2003),章明的《巫山云雨》(1996),陆川的《可可西里》(2004)等。第六代的艺术创作还正在进行中,他们还有很大的发展空间。

中国电影已经走上了第二个百年的征程。我们期待着出现更多优秀的电影,我们也呼唤着更多有着深刻、博大的人文情怀[6]和非凡的创造力的导演出现。我们有理由相信,中国电影的明天,将更加美好。

专业名词

1. 导演

    (1)动词。排演戏剧或拍摄影视片的时候,组织和指导演出工作。(2)名词。担任导演工作的人。

2. 无声片

    只有形象没有声音的影片。也叫默片。

3. 有声片

    既有形象又有声音的影片。

4. 柏林国际电影节

    世界著名电影节。1951年创办于西柏林。除1977年未举行外,均于每年6、7月份举行,为期两周。1978年起,为与戛纳电影节竞争,改为每年2、3月举行。主要奖品为金熊奖和银熊奖。

5. 戛纳国际电影节

    世界著名电影节。法国1946年创办于戛纳(Cannes),故名。除1948、1950、1968年中止外,每年均于5月举行,为期两周。最高奖为金棕榈奖。

6. 人文情怀

    一种主张以人为本,重视人的价值,尊重人的尊严和权利,关怀人的现实生活,追求人的自由、平等和解放的思想、感情。

常见句型

一、被誉为

◎ 袁牧之的《马路天使》(1937),被誉为20世纪30年代有声片艺术探索的集大成者。

▲ 得到广泛赞誉,被称为……。后面往往跟着某种了不起的称号。

1. 苏轼的《念奴娇·赤壁怀古》,历来被誉为"千古绝唱"。
2. 他5岁的时候就会弹钢琴了,被誉为"音乐神童"。
3. 香港这座美丽的城市,向来就被誉为"东方之珠"。

二、号称

◎ 陈凯歌号称"学者型导演"。

▲ "号称"有两个意思:(1)以某名著称。(2)宣称,宣扬。
1. 四川号称"天府之国",自古以来就是一块宝地。
2. 曹操率领二十多万水陆大军大举南下,号称八十万。
3. 他号称是个素食主义者,可是昨天我和他一起吃饭的时候发现,其实他非常喜欢吃肉。

三、集……于一体

◎ 他的电影充满了深刻的哲理性和文化性,是集"优美"和"崇高"于一体的艺术精品。

▲ 表示许多种优点集中在同一个个体上面。
1. 古龙的小说集武侠和侦破于一体。
2. 王羲之的《兰亭集序》,是集书法、文学于一体的艺术精品。
3. 这个度假村位于北京西北,是集娱乐、休闲、健身于一体的综合性度假、避暑胜地。

专业知识

功夫片

中国的武术,又叫功夫,是一种极具民族特色的格斗术。而"行侠仗义"的精神,在中国文化中也有着悠久的历史。人民总是渴望着出现武艺高强的大侠,主持正义,锄强扶弱,劫富济贫。在没有电影的年代,侠义小说就承载了人们的这个理想。在电影出现之后,表现侠客的传奇故事和出神入化的武艺的影片也就应运而生。早期的武侠电影,艺术手段并不成熟,而且往往有着浓厚的神怪色彩。而且演员们本人往往并不会武术,表现出来的花拳绣腿的伪功夫,使得影片的观赏性大打折扣。

在经历了漫长的发展过程之后,武侠电影逐渐走向成熟。20世纪70年代,香港李小龙的功夫电影《唐山大兄》(1971)、《精武门》(1972)、《猛龙过江》(1972)、《龙争虎斗》(1973)、《死亡游戏》(1973),

以凌厉强悍的真功夫征服了全球的观众,开创了功夫片的新纪元。西方人对中国功夫的最初印象完全得自李小龙的功夫电影。自李小龙电影之后,越来越多的西方字典开始收入"Kungfu"这个词条。

可惜因为李小龙的不幸早逝,他的五部电影成为了绝响。在他之后香港出现的另外一位具有巨大票房号召力的功夫明星是成龙。他主演电影非常多,其中最优秀的有《醉拳》(1978)、《龙少爷》(1982)、《A计划》(1983)、《警察故事》(1985)、《A计划II》(1987)、《警察故事II》(1988)、《双龙会》(1991)、《我是谁》(1998)、《神话》(2005)等。成龙的电影,在精彩的武打之中又加入了许多杂耍成分,幽默轻松,赏心悦目,在亚洲地区极受欢迎。

1981年,香港和大陆合拍《少林寺》,启用李连杰等专业武术运动员,叙事清新流畅,风格明快简洁,一扫旧式武侠片的沉闷、虚假,取得了巨大的成功,在中国掀起了观看功夫片的热潮。李连杰由此一发不可收拾,主演了大量的功夫电影,成为继李小龙、成龙之后又一位享誉国际的功夫巨星。代表作有《少林小子》(1984)、《南北少林》(1986)、"黄飞鸿"系列(1990—1997)、《笑傲江湖之东方不败》(1992)、《方世玉》(1993)、《倚天屠龙记之魔教教主》(1993)、《太极张三丰》(1993)、《中南海保镖》(1994)、《英雄》(2002)、《霍元甲》(2006)等。李连杰少年时就获得全国武术全能冠军,武艺超群。他的电影,武打动作真实刚猛而又极具潇洒华丽的美感,并且充溢着中国儒家仁爱博大的精神和不畏强暴的凛然正气,树立了中国功夫的新形象。

其他的著名功夫明星还有甄子丹、洪金宝、赵文卓、元彪等。

以香港为主要生产基地的中国功夫片也获得了越来越多西方观众的热爱。在美国的大片中,也越来越多地吸收了中国功夫片的元素,如《骇客帝国》(Matrix)系列、《刀锋战士》(Blade)系列、《霹雳娇娃》(Charlie's Angels)系列、《杀死比尔》(Kill Bill)系列等。功夫片这一中国特有的片种,正在走向全世界。

《红高粱》简介

张艺谋以他在《一个和八个》、《黄土地》、《大阅兵》等影片中出色的摄影技术,而成为第五代的中坚人物之一。自从在《老井》一片中担任了摄影和主演之后,他于1987年改行(gǎiháng)担任导演,拍摄了他的处女作《红高粱》。这部影片在翌年(yìnián)的柏林电影节上获奖,成为继上一年吴天明的《老井》在东京国际电影节上获奖之后的又一部获奖影片,中国电影的全新地位从此变得更加巩固。在这之后,中国影片成了世界各大电影节的热门影片。

《红高粱》改编自莫言的同名小说,以旁白叙述的方式讲述自己从祖父那里听说的故事。那是从1920年代末期开始,前后约10年间发生在中国北方农村的故事。

"我奶奶",年轻貌美的姑娘九儿,被父亲嫁给了一个患有麻风病的酒坊老板李大头。她出嫁这天,抬轿子(jiàozi)的伙计们一路上一边唱着打油歌,一边使劲摇晃颠簸(diānbō)着轿子戏弄新娘,直到把她弄哭。半路上迎亲队伍突然遭遇强盗(qiángdào)。轿夫余占鳌(Yú Zhàn'áo)率领大家杀了强盗,获得了九儿的好感。

奶奶九儿手持着剪刀守了两夜,才逼得李大头不敢近她的身。第三天,奶奶坐着毛驴回娘家,被人劫持(jiéchí)进了高粱地。当奶奶发现那人是她喜欢的余占鳌时,就完全放弃了抵抗……从此,余占鳌就成了"我爷爷"。

不久,李大头死了,我奶奶撑起了李家的烧酒作坊。我爷爷在一坛刚酿好的酒里撒了一泡尿,后来这酒成了好酒。我奶奶给它取名叫十八里红。经过一番波折,两人终于成为夫妻,生下"我爹"豆官。

我爹9岁那年,日本鬼子来了。酒坊的伙计头目罗汉大爷因为进行抗日活动而被日军残忍杀害。我奶奶让伙计们喝下埋了9年的十八里红,我爷爷带头唱起了《好酒歌》,发誓要为罗汉报仇。我爷爷带领众伙

改行:放弃原来的行业,从事新的行业。
翌年:次年,第二年。
热门:吸引许多人的事物。
旁白:戏剧角色背着台上其他剧中人对观众说的话。也指影视片中的解说词。
颠簸:上下震荡。
强盗:用暴力抢夺别人财物的人。
劫持:要挟;挟持。

计埋地雷,炸飞了日军的汽车。战斗中,我奶奶和伙计们也都死了,只有我爷爷和我爹活了下来。这时,天空像染上了血一样,变得红通通的。而我爷爷则像一尊威武的神像一样,愤怒地望着火红的天空。

《红高粱》用现代的电影语言展示出了一个古老的神话故事。它描写了一群敢爱敢恨敢生敢死的人,赞颂了我们民族浓烈、张扬的生命力。它相对于以前中国文学艺术作品中所呈现出来的内敛(nèiliǎn)、含蓄的个性特征,是必要的补充和修正。"我爷爷"身上的率性、张扬、肆无忌惮(sì wú jì dàn)的野性被发挥得淋漓尽致。在《红高粱》中,张艺谋把心中压抑(yāyì)已久的东西完全喷发了出来。《红高粱》让我们相信电影是靠激情、力量、活力和偏爱来推动的。

影片的总体构思也很成功。表面形式很复杂,而内容主体又很简单;画面镜头热烈、火爆,充满刺激性,而整个故事又很通俗易懂。"颠轿"、"野合"等段落都是充满艺术魅力的华彩乐章。而"我爷爷"唱给"我奶奶"的那首歌——"妹妹你大胆地往前走",以其粗犷(cūguǎng)、充满生命力与感性骚动的风格引起了全国观众的共鸣,迅速成为那几年的流行歌曲。

地雷:布于地上或埋于地下的一种爆炸装置。
张扬:声张、宣扬。
内敛:性格深沉,不外露。
含蓄:思想、感情不轻易流露。
率性:由着性子,任性。
肆无忌惮:任意妄为,没有一点顾忌。
压抑:对感情、力量等加以限制,使不能充分流露或发挥。
粗犷:粗豪;豪放。
共鸣:由别人的某种情绪引起相同的情绪。

《霸王别姬》简介

陈凯歌的第五部电影《霸王别姬》改编自香港女作家李碧华的同名小说,讲述了一段扑朔迷离的梨园故事。

1924年冬天,9岁的小豆子被做妓女的母亲生生切掉右手上那根畸形(jīxíng)的指头后,进入京剧戏班学戏。在戏班里,只有师兄小石头同情关照他。师父让小豆子学坤角(kūnjué),让他念"我本是女娇娥,又不是男儿郎"。虽然对于这种性别颠倒的强硬做法他本能地抗拒,但他最终还是在环境的潜移默化下接受了。

在太监张公公的做寿堂上,小石头与小豆子合演的《霸王别姬》唱红了。不久他们都成了红极一时

扑朔迷离:形容事情错综复杂,不易识别。
梨园:指戏班、戏院或戏曲界。
畸形:生物体某部分在发育中形成的不正常的形状。
坤角:旧时指戏剧女演员。
本能:本身固有的、不学就会的能力。
潜移默化:指人的思想或性格受其他方面的感染而不知不觉地起了变化。

的名角(míngjué),小石头艺名段小楼,小豆子艺名程蝶衣。他们的演出也获得了热衷于"捧角"的权势人物袁四爷的青睐(qīnglài)。慢慢地,程蝶衣的内心发生了变化,他对自己的身份产生了混淆(hùnxiáo)之感,"戏如人生,人生如戏",他对师兄的友情逐渐发展为同性之爱,在他的心里,段小楼就是霸王,自己就是虞姬。他和师兄相约要演一辈子《霸王别姬》。

这时,一个青楼里的风尘女子菊仙的出现,改变了这种现状。段小楼娶了菊仙,使程蝶衣的理想被践踏,他把自己用屈辱换来的、师兄向往已久的名贵宝剑赠给了段小楼,并声称同师兄分道扬镳(fēn dào yáng biāo)。然而在师父的撮合(cuōhé)下,师兄弟二人再次合作。而抗战、内战等诸多世事变幻,又让他们历尽沧桑(cāngsāng),几度分合。

"文革"中,段小楼成了"牛鬼蛇神"。在群众斗争大会上,在造反派的威逼审讯下,二人互相揭发。菊仙终于承受不了打击,上吊自尽。

"四人帮"被打倒后,二人在分别了22年的舞台上最后一次合演了《霸王别姬》。程蝶衣唱罢最后一句,用自己送给师兄的那把剑自刎(zìwěn),结束了自己的演艺生涯,也结束了这出悲剧。

《霸王别姬》的故事横跨50年,把个人的命运和半个世纪里中国历史的发展联系在一起,具有一种史诗的格局。它选择了中国文化积淀最深厚的京剧艺术及艺人的生活,细腻(xìnì)地展现了对传统文化、人的生存状态及人性的思考与领悟,极具张力地展示了人在角色错位及灾难时期的多面性和丰富性。

影片每个场景,每个画面,都是中国文化的真实写照,巧妙地将文化与人物的生存环境联系起来。我们可以看到戏装、喜装、孝衣、不同历史时期的街市、戏班住的四合院、妓院的楼房、古老的城墙;可以看到中华传统的各种小吃,像冰糖葫芦、驴打滚等;还有鸟笼子、蛐蛐(qūqu)罐(guàn)、抽大烟……这些中国独特的人文景观都被恰如其分地运用到影片之中,连胡同中的各种吆喝声都被渲染得充满生活气息。《霸王别姬》的确是一部西方人愿意看到的中国电影。

《霸王别姬》获第46届戛纳电影节金棕榈大奖,是中国大陆至今为止获得西

名角:著名的演员。
青睐:比喻喜爱或重视。
混淆:混杂;界限模糊。
践踏:踩,比喻摧残。
分道扬镳:比喻因目标不同而各奔各的前程或各干各的事情。
撮合:从中介绍说合。
沧桑:"沧海桑田"的缩语,比喻世事变化很大。
几度:几次。
牛鬼蛇神:奇形怪状的鬼神,比喻丑恶的人和事物。
揭发:揭露(坏人坏事)。
自刎:割颈部自杀;抹脖子。
积淀:积累沉淀。
细腻:细致入微。
错位:离开原来的或应有的位置,比喻失去正常的或应有的状态。
写照:描写刻画。
蛐蛐:蟋蟀(xīshuài)。
罐:一种容器。
恰如其分:办事或说话正合分寸。

方电影节最高荣誉的一部电影。这说明第五代导演对中国电影无论从美学上还是制作上的变革都是成功的。有人认为,这部电影也宣告了第五代导演在美学上的试验已经彻底结束。陈凯歌从此转向了大投资的商业片的制作。

冯小刚的贺岁电影

冯小刚导演的贺岁片,是被中国电影市场检验的片子,都是当年国内票房的主角,票房收入甚至超过好莱坞的大片。在某个放映档期里,只要有冯小刚的电影,其他影片就只能做配角。他的电影是为数不多的具有市场消费特性的国产片。虽然很多人对冯小刚的电影嗤之以鼻(chī zhī yǐ bí),但不可否认的是他的电影已经具有"品牌效应"。

北京紫禁城影业公司出品的《甲方乙方》(1997),拍摄前就有明确的定位。它是一部在中国农历新年上演的贺岁片,用小品的方式把整个故事串联起来,影片将当代中国人的梦想和尴尬(gāngà)都做了喜剧化的处理,创意很新,加上影片由国内一流演员出演,在电影市场上得到了丰厚的回报。《不见不散》(1998)里,葛优和徐帆在大洋彼岸演绎(yǎnyì)了一个动人的故事,但其中的生存关注、价值取向、语言幽默和政治文化典故完全是中国内地的。《没完没了》(1999)讲述了一个善良的小人物被迫绑架老板的女友,以讨回自己应得的薪水的故事。《一声叹息》(2000)表现的是婚外恋给中国传统家庭带来的危机。《大腕》(2001)讲述了一场荒诞的葬礼,嘲讽了中国当前的一些可笑的现象。《手机》(2003)故事的主线仍然是婚外恋及其败露,不过更加突出的却是以手机为代表的新科技给人们生活造成的混乱。《天下无贼》(2004)说的是一个带有理想主义色彩的故事,在火车上,一对做贼的男女被一个纯朴的农民工所感动,奋起保护他不被另外一伙贼侵害。这些电影以其异想天开的幽默感,和与人民大众的亲近感,获得了大多数人的喜爱,为处在特殊国情中的民族电影的商业化趟出了一条道路。

冯小刚的贺岁片对中国电影来说,仿佛是一场"及时雨"。作为一个中国电影界的"怪才",冯小刚的一系

票房:售票处,这里指票房收入。
主角:主要角色或主要演员。
好莱坞:Hollywood.位于美国洛杉矶西北,美国电影业中心。
配角:次要角色或次要演员。
嗤之以鼻:用鼻子吭气,表示看不起。
尴尬:处境困难,不好处理。
创意:有创造性的想法、构思。
演绎:展现;表现。
绑架:用暴力把人劫走。
荒诞:极不真实,极不近情理。
败露:隐蔽的事被人发觉。
异想天开:形容想法离奇,不切实际。
及时雨:庄稼正需要雨水时下的雨,比喻能在紧急关头解救危难的人或事物。

列贺岁片的商业成功给疲软的中国电影注入了活力。冯小刚并不能用一以贯之的立场和态度对改革开放中的中国现实提出自己的见解，提供更多建设性的思考，这不是他的特长，他的电影尽管不是充满力量的作品，但从他的电影中，观众可以体验到一种从未有过的快感。冯小刚的影片，从大处看，是一个假定性很强的故事，但对一部喜剧片来说，他一下就抓到了要点。它所采用的幽默、滑稽(huájī)、嬉闹的传统喜剧形态，最终将中国百姓在现实境遇中所感受到的种种无奈、困惑、期盼和愤怒都化作了相逢一笑。

一以贯之：一贯坚持。
滑稽：形容言语、动作引人发笑。

(根据陆绍阳《中国当代电影史：1977年以来》，北京大学出版社，2004年7月，第112—114页改写。)

讨论题

1. 你看过哪几部中国电影？最喜欢的是哪一部？为什么？
2. 你认为电影应该有哪些功能？
3. 如果让你来拍电影的话，你想拍一部什么样的电影？

综合练习

1. 熟读下列词语。

毕生的精力	伦理道德	社会矛盾	通俗易懂	悲惨遭遇
极富感染力	思想解放	横空出世	生逢其时	突破禁区
鲜活的人物	拓展空间	空间造型	声音效果	求新求变
创造力旺盛	创作风格	艺术精品	个人色彩	主流社会

2. 选择合适的词语填空。

遵循　辉煌　忧患　超群　情怀　热门　颠簸　张扬　含蓄
压抑　共鸣　混淆　践踏　撮合　尴尬　创意　荒诞　败露

(1) 2005年最(　　)的话题是超级女声和芙蓉姐姐。

(2) 在街坊刘大妈的极力(　　)下，小王和小张终于走到了一起。昨天，他们去领了结婚证。

(3) 这个广告的(　　　　)真是太好了!所有看到它的人都感到眼前一亮。

(4) 我们历来主张(　　　　)互惠互利的原则来进行两国经贸往来。

(5) 饱经(　　　　)的中华民族终于迎来了扬眉吐气的一天。

(6) 这部电影里主人公的遭遇,引起了我的强烈(　　　　)。

(7) 陶渊明用诗歌来抒写自己恬淡的(　　　　)。

(8) 他的阴谋诡计终于(　　　　)了,只好狼狈地逃跑了。

(9) 这条路该修修了,我们的汽车都要被(　　　　)坏了。

(10) 她很(　　　　)地表示,我可以和她继续交往。

(11) 她要我为她保密,她不想把这件事情(　　　　)出去。

(12) 拿破仑(Napoleon)有着(　　　　)的军事指挥才能,取得过很多次(　　　　)的军事胜利。

(13) 这个故事太(　　　　)了,我们都怀疑它的真实性。

(14) W国的这种行为,是对国际法的粗暴(　　　　),我国政府对此表示强烈的谴责。

| 约定俗成 | 人道主义 | 肆无忌惮 | 扑朔迷离 | 潜移默化 | 集大成 |
| 分道扬镳 | 恰如其分 | 嗤之以鼻 | 异想天开 | 一以贯之 | 使命感 |

(15) 这部书是李白研究领域里的一部(　　　　)的著作。

(16) 这个班的学生很不听话,常常在课堂上(　　　　)地聊天。

(17) 你的这个计划太(　　　　)了,一点都不现实。

(18) 这个菜做得太好了,外观漂亮,味道鲜美,咸淡也(　　　　)。

(19) 我的爸爸非常爱读书,受到他(　　　　)的影响,我也从小就喜欢看书。

(20) 如果没有你对我(　　　　)的支持,我是不可能有今天的成功的。

(21) 康有为和梁启超这一对师徒,终于因为政见不同而(　　　　)。

(22) 女人不问年龄,男人不问工资,这是(　　　　)的惯例。

(23) 面对(　　　　)的案情,警察局长陷入了深深的思索。

(24) 对于他的自吹自擂,我们都(　　　　)。

3. 句型练习。

(1) 被誉为

　① 袁牧之的《马路天使》(1937)，被誉为＿＿＿＿＿＿＿＿＿＿＿＿＿＿＿。

　② 我们的班长刘惠文，＿＿＿＿＿＿＿＿＿＿＿＿＿＿＿，被誉为"物理博士"。

　③ 我最喜欢的体育明星是＿＿＿＿＿，他(她)＿＿＿＿＿＿＿＿，被誉为＿＿＿＿＿＿＿＿＿＿＿＿＿＿＿＿＿。

　④ ＿＿＿＿＿＿＿＿＿＿，被誉为＿＿＿＿＿＿＿＿＿＿＿。

(2) 号称

　① 陈凯歌号称"＿＿＿＿＿＿＿＿＿＿＿＿＿＿＿＿＿"。

　② 在号称"世界屋脊"的＿＿＿＿＿＿＿＿＿＿＿＿＿＿＿上修建铁路，真可谓是一大壮举！

　③ 美国号称世界上＿＿＿＿＿＿＿＿＿＿＿＿＿＿＿。

　④ ＿＿＿＿＿＿＿＿＿＿＿＿＿＿＿＿＿号称＿＿＿＿＿＿＿＿＿＿＿＿＿＿＿＿＿＿＿。

(3) 集……于一体

　① 他的电影充满了深刻的哲理性和文化性，是集＿＿＿＿＿＿＿于一体的艺术精品。

　② 这座古老的寺庙，是集＿＿＿＿＿＿＿＿＿＿于一体的国家文物保护单位。

　③ 在女友的心目中，他是一个集＿＿＿＿＿＿＿＿于一体的完美的男人。

　④ ＿＿＿＿＿＿＿＿＿＿集＿＿＿＿＿＿＿＿＿＿于一体。

4. **名词解释。**

   导演　　无声片　　人文情怀　　第五代导演

5. **看一部中国电影,写一篇不少于 300 字的观后感。**

第十课

中国的新闻传播[1]（选修）

专题报告

新闻的时效性

新闻报道[2]是时间性极强的文字作品。有人把它称为"易碎品"。

它所害怕的压力不是重量，而是时间。**有些新闻迟发一步，就可能成为没有价值的旧闻。这是由新闻自身的"一次性消费"特点决定的。**

所谓"一次性消费"是指新闻的主要价值和功能在于解决受众"不知道"的问题。一旦人们知道了，新闻的作用也就消失了，而这个"知道"一般情况下是一次性，有时甚至在很短的时间里，甚至是在一瞬间（yíshùnjiān）完成的。

"一次性消费"同时带来"排他性"。所谓"排他性"是指同样内容的新闻，哪一条先到受众那里，解决了他的"不知道"，后续而来的那一条，就不再起什么作用了。实践已多次证明，对同一事件的新闻报道因时间先后的不同，给受众的冲击和印象是不一样的，也就是说传播效果是不同的。先到的新闻好比"雪中送炭"，后到的新闻充其量起个"锦上添花"的作用。

各种媒体[3]的竞争，实质上是对新闻时效性的竞争，或者说是采访速度、写作速度、播发速度的竞争。谁先抢到新闻，谁就能争取到受众。

在市场经济的环境里，时效的重要性来得更加明显，它既是传媒的资源优势，又是资本优势。**拥有第一时效的新闻不仅产生社会效应，而且产**

消费：为了满足生产和生活的需求而消耗物质财富。

受众：指传播过程中传播内容的接受者。

一瞬间：非常短的时间。

雪中送炭：下雪天送炭给人。比喻在他人急需时给以及时的帮助。

充其量：顶多，最大限量。

锦上添花：在美丽的锦织物上再添加鲜花。比喻略加修饰使美者更美，或者在原有成就的基础上进一步完善。

资本：经营工商业的本钱。

生相应的经济效益：读者买你的报纸，其他传媒买你的稿件。正因为如此，在任何一桩有新闻价值的事件背后，都伴随着各媒体之间在时效性上不见硝烟的"厮杀(sīshā)"，能否捷足先登，能否抢先占领"制高点"，往往成为新闻竞争胜负的关键所在。

中外新闻史上这样的趣闻比比皆是。例如1963年，美国总统肯尼迪在达拉斯被暗杀的那天，合众国际社记者史密斯和美联社记者贝尔都在现场随行采访，且搭乘在总统车队中同一辆新闻车上。当暗杀的子弹炸响的时候，史密斯首先抓住车内唯一的一部电话，不停地向本部口授事件的经过。在汽车开往医院的途中，尽管他被贝尔打得鼻青脸肿，却始终没有放弃电话，因此他成了肯尼迪被暗杀这一消息的第一发布人。他在当天晚上写就的一篇长达6000余字的目击记《历史就在我们眼前爆炸了》，观察得细微、准确，描写得生动、传神，记录下一个又一个历史性的场面，获1964年普利策新闻奖[4]。

《经济日报》一位副总编辑曾经说过："我办报的最主要的策略就是要'抢'，一定要抢在别人前面先说，先报道，即使报道得比较粗糙(cūcāo)，但是我先报道了，人家还是先看我的。"《人民日报》也提出，对重要的报道应抢先"占窝"。新闻界把争夺时效性称为"打快拳"。从这个意义上说，时间是价值，也是质量，时效一失，你的稿件写得再细致，文笔再好，也已大大贬值(biǎnzhí)。"明日黄花"是记者无法弥补的遗憾。

《人民日报》前总编辑范敬宜在他的《总编辑手记》一书中写道："快，是新闻的生命。快速反应，是新闻工作者必备的素质。拖拖拉拉、慢慢吞吞、五日一山、十日一水，是新闻工作的大忌(jì)。"记者要学会快速写作。快到什么程度？最迅速的应该是"倚马可待(yǐ mǎ kě dài)"。

在中外记者招待会上，经常可以看到这样的情景：一些外国记者打开笔记本电脑边听边记边写稿。1998年全国人大会议期间钱其琛副总理举行记者招待会，回答有关他不再担任外交部长的消息，法新社记者在钱副总理回答完这个问题话音甫(fǔ)落就已把稿件发上了天。而在1999年、2000年的"两会"期间，我国众多媒体的记者也开始这样做，

效益：效果和收益。
厮杀：相杀，互相搏斗。
捷足先登：脚步快捷的人最先登上高峰。比喻做事情快的人就能比别人先一步获得想要的东西。
比比皆是：到处都是。
写就：写完，写好。
粗糙：不精细，不细致。
贬值：货币的购买力下降，也泛指事物的价值降低。
明日黄花：不时兴的、不新鲜的东西。
拖拖拉拉：做事情拖延时间，没有效率。
忌：这里指不能做的事情。
倚马可待：靠着马就能够很快把文章写出来。形容写文章非常快。
甫：刚刚。

尤其是新华通讯社与中国新闻社的记者,在写稿与发稿的时效性上与外国通讯社展开了竞争,他们采取了滚动发稿甚至发"分钟电"的做法。2000年"两会"的开幕式与闭幕式,新华社共对内滚动播发快讯41条,对外滚动播发快讯56条,在时效方面均抢在西方通讯社前面。全国人大开幕消息新华社上午9时02分播出,比发稿最快的法新社早了12分钟。

我们注意到在消息[5]的电头[6]里,抢发新闻的时间"单位"正在变小。过去比新闻的时效性,那时的计时单位是"日",我比你早一天就占了主动。后来用"小时",比如新华社电头在"月日"后带上了"几时"的字样。而现在已经发展到了"争分夺秒"的时代,出现了上文提到了"分钟电"。1999年11月15日下午3时55分,中美签署了关于中国加入世贸组织双边协议。新华社对外部最先向全球播发了英文快讯,比美联社的新闻快了2秒,比法新社快了20秒。

为了使自己写得快,记者应该加强训练:

(1)学会集中精力,不受外界干扰,在不同的工作条件下都能迅速投入写作。

(2)学会和养成打腹稿的习惯。在采访与记录的过程中,心中即开始酝酿、起草稿件。

(3)熟练掌握新闻各种文体的写作本领,特别要得心应手地运用消息写作的技巧和方法。

(4)善于准备好各种写作素材,灵活地组成"预制构件",随时可以根据报道的需要进行拼接与组装。

(5)注意培养自己口述新闻的能力。如果把"口述"记录下来,不需要更多的加工就可以发表,就是新闻成品,这意味着你基本过关了。经过这样"出口成章"的训练,写作的速度会显著提高。

(节选自刘明华、徐泓、张征《新闻写作教程》,中国人民大学出版社,2002年3月,第58—63页。有删节。题目是编者所加。)

腹稿:心里准备好,随时可以表达出来的诗文构想。

得心应手:心里怎么想,手就能怎么做,形容运用自如。

预制:预先制成。

构件:机构的组成单元。

出口成章:说话像写文章那样有板有眼,形容口才好,水平高或文思敏捷。

第十课

专业词语

1. **传播**

   本义是传送或散布知识和信息。现代传播学者把人类社会一切信息的交流都包括在"传播"这个概念中。新闻事业是传播的一种最重要的方式。研究传播的学问,就叫"传播学"。

2. **报道**

   (1)通过报刊、广播电视等向公众报告新闻。(2)发表的新闻稿。

3. **媒体**

   又叫媒介,这里指新闻传播媒体,所以又叫传媒。英语中称之为 medium(复数是 media)。泛指所有用以向大众传递信息的技术手段,如报纸、杂志、广播、电视、网络等等。

4. **普利策新闻奖**

   普利策奖由美国著名记者、出版家约瑟夫·普利策 (Joseph Pulitzer, 1847—1911)创立,主要分为新闻奖和文化艺术奖。普利策生前立下遗嘱,将财产捐赠给哥伦比亚大学,设立普利策奖,奖励新闻界、文学界、音乐界的卓越人士,该奖自 1917 年以来每年颁发一次。

5. **消息**

   是一种迅速及时、直接简练地反映最新变动的新闻报道文体,具有快捷、直接、简明、短小的特色,是新闻报道的主要形式。

6. **电头**

   电讯开头的几个字,包括稿件播发的新闻单位、地点、时间等,也有只说明新闻单位和时间的。用电发往外地称"电",稿件发给当地的称"讯"。如:新华社莫斯科 10 月 23 日电。

常见句型

一、由……决定

◎ 有些新闻迟发一步,就可能成为没有价值的旧闻。这是由新闻自身的"一次性消费"特点决定的。

▲ 说明决定一件事情的发展方向或结果的人或事物。在句子中,这个决定者

放在"由"字的后面。在"决定"之前,还常常可以加上一个"来"字或者"去"字。

1. 明天下不下雨,不是由我们决定的,而是由老天爷决定的。
2. 今天点什么菜,由你来决定。
3. 两个队的实力差不多,所以今天这场比赛的结果,要由双方的临场发挥和运气来决定了。
4. 结婚是年轻人自己的事情,还是由他们自己去决定吧!

二、也就是说

◎ 实践已多次证明,对同一事件的新闻报道因时间先后的不同,给受众的冲击和印象是不一样的,也就是说传播效果是不同的。

▲ 把前面说过的意思换一句话来表达。与这个短语意义、用法相近的还有"换言之"、"换句话说"。

1. 小芳是四川人,喜欢吃辣的。也就是说,你要是请她吃饭的话,去川菜馆绝对没错!
2. 最近A国和B国之间的关系越来越紧张。两国的军队大量地往边境方向集结。也就是说,可能要打仗了。
3. 我来中国以后,每一天都感到很新鲜、很愉快,这里的一切都深深吸引着我。换句话说,我已经爱上中国了!

三、正因为如此 / 这样

◎ 拥有第一时效的新闻不仅产生社会效应,而且产生相应的经济效益:读者买你的报纸,其他传媒买你的稿件。正因为如此,在任何一桩有新闻价值的事件背后,都伴随着各媒体之间在时效性上不见硝烟的"厮杀"。

▲ 这是一个在表示原因和结果的句子或分句之间起连接作用的短语,意思与"所以"相似,但是更强调前面的原因。有的时候,在这个短语后面表示结果的句子中,用一个"更"字,表示加强语气。

1. 我们是好朋友。正因为如此,你要相信我,我一定会帮助你的!
2. 爸爸年纪大了,身体不好。正因为如此,你就更不应该惹他生气。
3. 地球上的环境污染越来越厉害,危害也越来越大。正因为这样,治理环境污染的工作更应该进一步加大力度。

专业知识

受 众

受众(Audience)是指传播过程中传播内容的接受者,它包括报刊的读者、广播电视的听众和观众,也包括亲身传播和人际传播的传播者和参与者。不过,一般特指大众传播过程中传播内容的接受者。在台湾和香港地区新闻学界,称受众为阅听人。受众处于传播活动的终端,是新闻信息传播的对象和目的地,但并不是一个静止的被动的接受者,而是一个活跃的社会群体。在他们内部不停地进行着信息的传递、讨论和传说活动,通过这些活动,媒介所传达的信息得到扩散、分析、解释、理解和反应。因此,受众在新闻传播活动中占有重要的地位。

(摘自蔡铭泽《新闻学概论新编》,暨南大学出版社,1998年10月,第98—99页。)

阅 读

九江段4号闸门(zhámén)附近决堤(juédī)30米
两千余军民奋力抢险

本报江西九江8月7日16时05分电 (记者贺延光) 今天13时左右,长江九江段4号闸与5号闸之间决堤30米左右。洪水滔滔,局

闸门:引水、泄水或阻水的装置。
决堤:大水冲垮堤岸。
抢险:抢救险情。

面一时无法控制。现在，洪水正向九江市区漫灌(mànguàn)。市区内满街都是人。靠近决口的市民被迫向楼房转移。

漫灌：	洪水流入，漫进某地区。
防汛：	采取措施，防止洪水泛滥成灾。
拟订：	初步制订；起草。
低洼：	地势比四周低。
撤离：	撤出并离开。
漏洞：	小孔或缝隙。
缓解：	灾害、疾病、痛苦等的减轻。
坝：	堤。

　　本报江西九江 8 月 7 日 16 时 35 分电（记者贺延光）　现在洪水已漫到九瑞公路。据悉，决堤时，一些居民还在睡午觉。现在在堤坝上被洪水围困的抢险人员大约上千人。

　　本报江西九江 8 月 7 日 17 时 05 分电（记者贺延光）　国家防汛(fángxùn)总指挥部的有关专家正在查看缺口。专家决定用装满煤炭的船沉底的办法堵缺口。

　　本报江西九江 8 月 7 日 17 时 15 分电（记者贺延光）　记者已赶到决口处。汹涌的江水正从 30 米宽的缺口涌向市区。南京军区的两个团正在国家防总、省防总有关专家的现场指挥下抢险。现在有一条 100 多米长的船无法靠近缺口，抢险队正在想办法。

　　本报江西九江 8 月 7 日 17 时 40 分电（记者贺延光）　专家们拟订(nǐdìng)了三套抢险措施：1. 将低洼(dīwā)处的市民转移到安全地带。2. 市区内的军队、民兵组成一道防洪线。3. 全力以赴堵住缺口。

　　现在，一条大船装满煤，正由北向南岸靠近，准备堵缺口。

　　本报江西九江 8 月 7 日 22 时 05 分电（记者贺延光）　截至记者 21 时撤离(chèlí)时，决堤口还没有堵上。一条装满煤炭的百米长的大船已横在距决堤口 20 米处，在其两侧，三条 60 米长的船已先后沉底。数千军民正在抛石料。水势稍有缓解。

　　目前，留在决堤处的抢险人员总计有 2000 多人。防汛指挥部组织抢险人员正在市区的龙井河垒筑第二道防线。

　　据悉，市中心距决堤处的直线距离约 5 公里。市区目前还未进水。记者赶回市区时看到，一些店铺还在营业。市民的情绪较下午平稳了一些。

　　路上，出租车司机告诉记者，市政府已在电视上发出紧急通知，告诫市民，凡家住低于 24 米水位的住户，要迁到更高的楼上。

　　本报江西九江 8 月 8 日零时 15 分电（记者贺延光）　记者刚刚与前线指挥人员通话：现在沉船部位上端水流有所减弱，但船下端的漏洞(lòudòng)处水流仍很急，缺口处洪水不见缓解。抗洪军民正在连夜奋战。

　　本报江西九江 8 月 8 日零时 45 分电（记者贺延光）　记者刚刚得到消息，从昨天下午 4 点开始，万余名解放军战士在龙井河构筑一道 10 公里长、5 米宽的拦水坝(bà)，作为市区的最后防线。至发稿时止，仍有大批军民赶往此地增援。

(摘自1998年8月8日《中国青年报》。此稿获得1998年中国新闻奖特等奖。)

电视的直接性、直观性和现场性

随着电子声像技术日趋完善,电视传播活动从摄录各类素材到编播、传输、覆盖和接受各个环节都具有越来越高的保真度和传真力。只要善于运用先进的器材设备,既能如实再现客观对象的图像、声音,又能确保视频声频信号全球范围内传输而不失真、耗损。电视有如一扇窗户或一面镜子,让人们从直观的视听形象之中瞭望(liàowàng)周围世界(当然是电视台选择播出的限度以内)。这种直接性和直观性把很多"秘密"曝光(bàoguāng)了,对社会信息的垄断(lǒngduàn)开始崩溃了,原来由家长先从报刊电视获取信息然后向青少年转述的方式成了多余。家庭起居室因为有了电视,变成了获取最新信息、听演讲、听课和欣赏大剧院演出的场所,从而改变了家庭这一空间的意义。

直接性、直观性在传播活动中至少有三条好处:一是通俗、生动,较少受文化程度与生活经验的限制,可以达到较大范围的雅俗共赏;二是可以充分发挥示范的作用,观众可以跟着屏幕上的演示学到不少技能和知识(如电教课程、生活中操作技能等等),还有更多的是"无意插柳柳成荫",诸如各种新时尚以及社会上的流行用语等等,电视往往无意中进行示范与推广,成为义务宣传员,招引不少观众模仿、趋同;三是突出了视觉在传播中的地位,养成观众偏重于从图像来吸取信息的习惯,图像包括事件的过程,出镜人物的动作、体态、表情和自身的语言。一旦解说与图像所展示的形象不尽相符,观众往往对图像深信不疑,把解说视为外加的宣传。

与直接性、直观性紧密联系的是电视中大量现场实况播出(尤其是现场直播),这正是电视优越于电影的第一优势。对此,各国的电影、电视理论家不约而同地从各个视角予以明确的认同:

"把观众带进此刻正在发生的历史事件之中,这一事件只有明天才能搬上银幕,后天才能成为文学、戏剧和绘画的主题。"(鲍列夫《美学》)

"具有实况是电视所具备的新颖而独特的东西。"(沃尔夫·里拉《作家与银幕》)

直观: 用感官直接接受的。
瞭望: 登高远望;向远处探看。
曝光: 原意是指摄影感光材料的感光。这里指秘密被大众所知晓。
垄断: 独占;专卖。
示范: 做出榜样或典范,供人们学习。
出镜: (人物)在摄影镜头前出现。
实况: 实际进行的情况。
直播: 广播电台不经过录音直接播送,或电视台不经录像直接播放。
不约而同: 事先没有商量而彼此行动相同。

"现在(指作者在我国演讲的1986年)人们又再次确认了电视基本的魅力在于对现实存在的东西和发生的事情进行实况转播。"(大山胜美访问我国时的演讲,见《电影艺术研究参考》)

> 转播:转送播出。
> 增殖:增加;繁殖。
> 偶发:偶然发生的。

大山胜美所说的"再次确认"是事出有因的。在50年代,电视在当时的设备条件下,在演播中就大量采用直播形式播出电视剧、少儿演出、游戏、座谈、访问、报告等各类节目,但无法录像保存、重播。随着录像带问世,有些电视台为了确保安全播出,精心编辑制作,把大量节目改用录播,在某种意义上丧失了直播的魅力、时效和影响力。近20年来,通信卫星、直播卫星和电缆电视相继应用,直播又被确认为最能发挥电视传播威力的方式了。

电视的现场性最突出体现在现场直播这一方式之中。

电视现场直播是电视新闻中最具特色、最受广大观众关注、也最能发挥电视传播优势的一种传播方式。它是通过现代化的电子传播技术,即时将现场事件的进程,同步传送到电视机上,从而实现新闻事件进程在电视屏幕上的同步播放,直播具有多方面的传播优势:首先,它具有最新的传播时效性。它将媒介与受众、新闻事件与新闻报道之间的时间差缩至最短,几乎达到了事件的发生与新闻采集传递与受众收受双重意义上的共时同步,满足了观众在第一时间内了解事件进展过程和结果的心态。第二,它具有强烈的共时体验性。日本传播学者滕竹晓曾说过:"同时享受同一内容这种电视传播特征,使其成为在全社会范围内令共有体验增殖(zēngzhí)的媒介。"而现场直播更是将这种共有体验推到了极致。它将新闻事件的现场即时搬到电视屏幕上,实现了电视观众与新闻现场"远距离、共时空"的观赏效应,使世界各地的观众"天涯共此时",使麦克卢汉"地球村"的梦想成为现实。第三,电视现场直播最逼真的现场使它能带给观众强烈的参与感。摄像机的眼睛代替了观众的眼睛,它使观众仿佛亲身置身于新闻事件现场,即时观看事件进展;同时,事件进展的流动性和不可预知性,使观众与媒体共同经验未知的进程,共同应付偶发事件,大大满足了观众的知晓欲和好奇心,增强了他们对新闻事件的参与感。可以说,现场直播把电视传播的现场感、快时效和参与感的优势发挥得淋漓尽致。正因如此,它越来越受到广大观众的认可和电视从业者的重视。

(节选自叶家铮《电视传播理论研究》,北京师范大学出版社,2000年12月,第14—17页。题目为编者所加。)

网络新闻媒体的新闻服务更加注重原创性

网络新闻媒体需要拓展功能,然而,作为媒体,"传播新闻"的功能仍然是它的基础。目前来讲不管商业网站还是传统媒体网站,都需要继续提升新闻服务品质。追求原创是这一要求的一个表现。

传统媒体也呼唤"内容原创",即追求独家新闻、独家报道等等。网络媒体因其传播方式的改变和竞争的加剧,可能会更加注重原创内容的制作、发表,这与网络传播的交互性、个人化是密切相关的。网络传播一改单向传播而为多向传播,从由点到点的传播到由点到面的传播,个人可以按照自己需要从网上任意站点获取信息。对于用户来说,有特色、原创内容更多的网站更具有吸引力一些。

另外第四媒体的崛起,既给传统媒体带来巨大的冲击和挑战,同时其自身也受到来自内部和外部两方面的压力。在新闻网站之间,新闻网站与传统媒体之间都存在竞争,而且竞争将随互联网与媒体的发展日趋激烈。面对如此激烈的竞争,"个性"将成为网站立足之本。增加原创内容分量,将是网站追求个性,求得生存发展的一条有利途径。

事实上,商业新闻网站也正在做这方面的努力。它们采取的一个有效途径就是不断兼并(jiānbìng)原创内容站点或者花巨资购买独家报道。例如新浪兼并Pchome.online,一改其往日在人们心目中较少原创内容的印象,而向较多原创内容的网站方向迈出了一大步。而AOL(美国在线)在内容方面投入最有名的一笔是每年花3.6万美元说服网络英雄麦特·德拉吉将其"德拉吉报道"放在AOL平台上。

另一个途径就是根据网络传播的互动性,充分利用网络优势,增加许多为这些站点所独有的互动性内容。再以新浪为例,新浪的沙龙,就是依靠网友们自力更生,每天生产成吨的内容以此来吸引成千上万的网友流连忘返。由此可见,这些网站并不仅仅是有人在漫画中所勾勒的:互联网=COPY(复制)+PASTE(粘贴)。

尽管目前商业网站不允许派网络记者,但并不排除将来网络记者诞生的可能。网络记者诞生后商业新闻网站的窘境(jiǒngjìng)可能会大为改观,加上它们强大的整合能力、成熟的运作能力,商业网站将如虎添

原创:自己创作,而不是引用、转载。
第四媒体:指互联网。它是继报纸、广播、电视之后出现的第四种大众媒体。
兼并:侵吞别国的领土或别人的产业。
新浪:中国的互联网门户网站之一。
窘境:使人为难、害羞或难堪,尤指因缺钱用或无钱还债而造成的困境。
如虎添翼:好像老虎添上了翅膀,比喻强有力者得到援助后更强有力。

翼(rúhǔ-tiānyì)。不过,传统媒体网站面临的危机也会因此而加剧。

相对商业网站来说,传统媒体网站在内容原创方面应该更有优势。但是,它们对这一趋势或者即将面临的压力的反应并不敏感,也不那么积极。中外相比较来说,中国又落后于国外传统媒体网站。美国的《纽约时报》不但早已在其网络版内容中包括特意为其"网络时报"(CYBER TIMES)专版制作的独家新闻,而且正在稳定地扩大网上独创性内容的范围。该报一位网络版编辑坦言他正越来越多地从自由撰(zhuàn)稿人处购买"充实可靠的多媒体项目"。纵观我国的传统媒体网络版,除《人民日报》等为数不多的几家站点外,大部分报纸的网络版,只是纸质报纸的翻版,他们并没有根据网络的特点,进行一些有创意的探索。

不过,自从1999年3月首都九家新闻单位联手推出"千龙新闻网"以来,2000年5月上海也推出"东方新闻网",这些网站的一个共同特点是具有传统媒体的新闻业背景,并且获得了政府特许经营,力图以商业化模式运作,从而具备了得天独厚的优势。这似乎是今后国内网络媒体在追求"内容原创"方面的一种经营模式。

随着互联网的发展,网站竞争的日趋激烈化,传统媒体会越来越清晰地意识到增加原创内容的必要性。在他们的努力过程中,商业网站的实践无疑为他们提供了宝贵的经验和借鉴。

(节选自雷跃捷、辛欣主编《网络新闻传播概论》,北京广播学院出版社,2001年3月,第116—118页,略有删节。)

> **撰**:写作。
> **翻版**:翻印的版本。
> **模式**:事物的标准样式。
> **得天独厚**:独具特殊的优越条件,也指所处的环境特别好。
> **借鉴**:把别的人或事当镜子,对照自己,以便吸取经验或教训。

1. 如何理解"新闻是易碎品"这句话?
2. "阅读"部分的第一篇是一篇短讯。谈谈它有什么优点。
3. 谈谈你对报纸、广播、电视、互联网等传播媒体的看法。

综合练习

1. 熟读下列词语。

市场经济　　资源优势　　社会效应　　经济效益　　随行采访
鼻青脸肿　　滚动发稿　　争分夺秒　　双边协议　　打腹稿
一次性消费　　新闻时效性　　无法弥补的遗憾

2. 选择合适的词语填空。

消费	驱使	漫灌	垄断	一瞬间
拖拖拉拉	捷足先登	兼并	贬值	直观
曝光	充其量	雪中送炭	锦上添花	比比皆是
出口成章	得心应手	如虎添翼	得天独厚	

(1) 许多软件公司联合起来,反对微软公司的(　　　)。

(2) 这次会谈如果不能达成协议,我们(　　　)是花掉一点会议费而已;但是如果成功了,我们将会得到一笔价值 2000 万元的订货。

(3) 青岛是黄海边的大港口,发展工商业有着(　　　)的优势。

(4) 他在我们经济最困难的时候借给我们两万块钱,真是(　　　)啊!

(5) 在利益的(　　　)下,他竟然由一位英雄变成了一个罪犯。

(6) 弟弟做事情总是(　　　),让人着急。

(7) 他博学多才,(　　　),是我们学校有名的大才子。

(8) 在亚洲金融风暴中,日元、韩元都(　　　)了。

(9) 这个丑闻被新闻界(　　　)后,总统被迫辞职了。

(10) 他家祖上三代都是木匠,所以他做起木工活来也是(　　　)。

(11) 在那(　　　),我突然发现有一个黑影从远处闪过。

(12) 这部电影用一种非常(　　　)的方式,让我们了解了许多抽象的物理学原理。

(13) 在整个抗洪救灾的过程中,像这样感人的事件(　　　)。

(14) 为了发展国家经济,政府想了很多办法来刺激国内(　　　)。

(15) 有你们两位高手加盟,我们学院可真是(　　　)啊!

(16) 病毒在城市里(　　　　)开来,很多人都生病了。

3. 句型练习。

(1) 由……决定

① 有些新闻迟发一步,就可能成为没有价值的旧闻。这是由＿＿＿＿＿＿＿＿决定的。

② 在这场排球比赛中,我喜爱的A队输给了B队。虽然我很不高兴,但其实这一点也不奇怪。这个结果是由＿＿＿＿＿＿＿＿决定的。

③ 到底去还是不去,由＿＿＿＿＿＿＿＿决定。

④ ＿＿＿＿＿＿＿＿,由＿＿＿＿＿＿＿＿决定。

(2) 也就是说

① 实践已多次证明,对同一事件的新闻报道因时间先后的不同,给受众的冲击和印象是不一样的,也就是说＿＿＿＿＿＿＿＿。

② 我已经下了决心,不管你们同不同意,我都要和她结婚。也就是说,＿＿＿＿＿＿＿＿。

③ 新开通的地铁4号线＿＿＿＿＿＿＿＿,也就是说＿＿＿＿＿＿＿＿。

④ ＿＿＿＿＿＿＿＿,也就是说＿＿＿＿＿＿＿＿。

(3) 正因为如此

① 拥有第一时效的新闻不仅产生社会效应,而且产生相应的经济效益:读者买你的报纸,其他传媒买你的稿件。正因为如此,＿＿＿＿＿＿＿＿。

② 我非常喜欢看中国的武侠电影,尤其崇拜李小龙和李连杰。正因为如此,＿＿＿＿＿＿＿＿。

③ _____。正因为如此,我们更加应该努力学习。

④ _____。正因为如此,_____。

4. **名词解释。**

传播　　报道　　媒体　　消息　　受众　　电头　　第四媒体

5. **假如你是一名记者,请将最近发生的一件事情写成一篇新闻报道。**

附录一 专题报告主要词语表

音序	词	音	所在课序号
A			
	哀婉	āiwǎn	6
	暗淡	àndàn	2
B			
	白登	Báidēng	6
	抱负	bàofù	1
	暴发	bàofā	5
	暴亡	bàowáng	5
	悲愤	bēifèn	6
	辈出	bèichū	7
	崩溃	bēngkuì	1
	匕首	bǐshǒu	1
	比比皆是	bǐbǐ jiē shì	10
	笔触	bǐchù	7
	弊端	bìduān	5
	边庭	biāntíng	7
	边邑	biānyì	6
	编纂	biānzuǎn	8
	贬谪	biǎnzhé	7
	贬值	biǎnzhí	10
	病根	bìnggēn	2
	病入膏肓	bìng rù gāo huāng	5
	波澜壮阔	bōlán zhuàngkuò	5
	哺育	bǔyù	7
	不悖	búbèi	2
	不羁	bùjī	3
	不可或缺	bù kě huò quē	1
	不可磨灭	bù kě mómiè	8

不可一世	bù kě yí shì	7
不朽	bùxiǔ	5

C

惨败	cǎnbài	7
策谋	cèmóu	8
缠绵悱恻	chánmián fěicè	7
阐释	chǎnshì	8
超凡	chāofán	5
超群	chāoqún	9
嘲讽	cháofěng	5
沉痛	chéntòng	6
沉冤	chényuān	4
陈腐	chénfǔ	3
称道	chēngdào	8
成竹在胸	chéng zhú zài xiōng	7
承载	chéngzài	4
叱咤风云	chìzhà fēngyún	7
赤裸	chìluǒ	3
充其量	chōngqíliàng	10
酬	chóu	7
出口成章	chū kǒu chéng zhāng	10
出世	chūshì	9
传诵	chuánsòng	3
创刊号	chuàngkānhào	5
粗糙	cūcāo	10
粗陋	cūlòu	4

D

大事记	dàshìjì	8
但	dàn	6
蹈袭	dǎoxí	8
得心应手	dé xīn yìng shǒu	10
迭出	diéchū	1
陡峭	dǒuqiào	7
独具一格	dú jù yì gé	2
断肠	duàncháng	6
堕落	duòluò	5

F

反思	fǎnsī	2
彷徨	pánghuáng	2
非凡	fēifán	9
丰姿	fēngzī	7
风流	fēngliú	5
风流人物	fēngliú rénwù	7
芙蓉	fúróng	6
甫	fǔ	10
负	fù	6
腹稿	fùgǎo	10
覆灭	fùmiè	1

G

感染	gǎnrǎn	1
高产	gāochǎn	2
高潮	gāocháo	4
功力	gōnglì	9
构件	gòujiàn	10
鼓吹	gǔchuī	5
故国	gùguó	7
关关	guānguān	6
纶巾	guānjīn	7
光怪陆离	guāngguài lùlí	5
光阴虚掷	guāngyīn xū zhì	7
鬼魂	guǐhún	4
鬼魅	guǐmèi	5
鳜鱼	guìyú	6
国度	guódù	6

H

骇浪	hàilàng	7
涵盖	hángài	1
横溢	héngyì	3
洪流	hóngliú	2
呼吁	hūyù	8
胡	hú	6
花魁	huākuí	5
华而不实	huá ér bù shí	8

华发	huáfà	7
焕发	huànfā	3
浣女	huànnǚ	6
灰烬	huījìn	7
恢弘	huīhóng	5
挥洒	huīsǎ	8
辉煌	huīhuáng	9
回味	huíwèi	6
浑身是胆	húnshēn shì dǎn	5
魂魄	húnpò	4
活灵活现	huó líng huó xiàn	5

J

基调	jīdiào	7
激流	jīliú	2
集大成	jí dàchéng	9
忌	jì	10
家喻户晓	jiā yù hù xiǎo	4
奸诈	jiānzhà	5
鉴赏	jiànshǎng	7
疆场	jiāngchǎng	7
僵化	jiānghuà	8
皎洁	jiǎojié	6
揭露	jiēlù	2
节制	jiézhì	3
桀骜不驯	jié'ào bú xùn	5
捷足先登	jié zú xiān dēng	10
解脱	jiětuō	7
锦上添花	jǐnshàng tiānhuā	10
锦绣	jǐnxiù	7
禁区	jìnqū	9
警句	jǐngjù	8
纠葛	jiūgé	2
旧乡	jiùxiāng	6
雎鸠	jūjiū	6
局限	júxiàn	8
剧目	jùmù	4
绝唱	juéchàng	7

君	jūn	6
君子	jūnzǐ	6
隽秀	jùnxiù	8

K

楷模	kǎimó	8
坎坷	kǎnkě	7
空灵	kōnglíng	3
脍炙人口	kuài zhì rén kǒu	1
狂飙	kuángbiāo	3
旷达	kuàngdá	6
窥	kuī	6
窥见	kuījiàn	5

L

蜡炬	làjù	6
蓝本	lánběn	5
酹	lèi	7
礼教	lǐjiào	4
里程碑	lǐchéngbēi	2
俚俗	lǐsú	5
力作	lìzuò	9
淋漓尽致	línlí jìn zhì	6
灵动	língdòng	6
灵异	língyì	5
鹭	lù	6
逻辑	luóji	1
落难	luònàn	5

M

码头	mǎtóu	2
漫浩浩	mànhàohào	6
媒体	méitǐ	1
魅力	mèilì	1
萌发	méngfā	4
朦胧	ménglóng	3
缅怀	miǎnhuái	7
名家	míngjiā	1
明快	míngkuài	8
明日黄花	míngrì huánghuā	10

| 暝 | míng | 6 |
| 目睹 | mùdǔ | 5 |

N

纳谏	nàjiàn	8
呐喊	nàhǎn	2
拟古	nǐgǔ	8
孽海	nièhǎi	5
凝练	níngliàn	2
扭转	niǔzhuǎn	7

O

| 讴歌 | ōugē | 5 |

P

旁支	pángzhī	8
磅礴	pángbó	7
抨击	pēngjī	5
蓬勃	péngbó	4
蓬山	Péngshān	6
澎湃	péngpài	7
琵琶	pípá	6
翩翩	piānpiān	7
骈	pián	8
飘逸	piāoyì	3
泼辣	pōlà	1
铺垫	pūdiàn	7

Q

齐头并进	qí tóu bìng jìn	5
奇葩	qípā	4
气魄	qìpò	2
千疮百孔	qiān chuāng bǎi kǒng	2
千古	qiāngǔ	7
谴责	qiǎnzé	5
樯橹	qiánglǔ	7
伽蓝	qiélán	8
青鸟	qīngniǎo	6
清谈	qīngtán	5
情怀	qínghuái	9
逑	qiú	6

阕	què	6

R

热忱	rèchén	7
人道主义	réndào zhǔyì	9
日渐	rìjiàn	4
日益	rìyì	8
箬笠	ruòlì	6

S

沙场	shāchǎng	6
伤痕	shānghén	2
赏析	shǎngxī	7
韶华	sháohuá	7
涉	shè	6
神游	shényóu	7
使命感	shǐmìnggǎn	9
世态	shìtài	5
受众	shòuzhòng	10
淑	shū	6
戍客	shùkè	6
戍守	shùshǒu	6
束缚	shùfù	7
厮杀	sīshā	10
塑造	sùzào	2
蓑衣	suōyī	6
琐事	suǒshì	8

T

太史	tàishǐ	8
叹惋	tànwǎn	7
滔滔	tāotāo	7
淘	táo	7
套路	tàolù	3
特地	tèdì	4
藤	téng	6
体制	tǐzhì	8
替天行道	tì tiān xíng dào	5
天竺	Tiānzhú	5
拖拖拉拉	tuōtuō lālā	10

W

拓荒者	tuòhuāngzhě	9
挖掘	wājué	2
婉转	wǎnzhuǎn	4
王孙	wángsūn	6
遗	wèi	6
委靡	wěimǐ	7
蔚为大观	wèi wéi dà guān	8
温馨	wēnxīn	5
文坛	wéntán	8
稳操胜券	wěn cāo shèngquàn	7
诬陷	wūxiàn	4
无怪乎	wú guài hū	1
武曌	Wǔ Zhào	8
鹜	wù	8

X

下	xià	6
先锋	xiānfēng	2
现形	xiànxíng	5
线索	xiànsuǒ	5
相思	xiāngsī	6
相依为命	xiāngyī wéi mìng	2
降妖伏魔	xiángyāo fúmó	5
响应	xiǎngyìng	5
向慕	xiàngmù	7
消沉	xiāochén	7
消费	xiāofèi	10
萧瑟	xiāosè	6
小乔	Xiǎoqiáo	7
效益	xiàoyì	10
歇	xiē	6
写就	xiějiù	10
辛辣	xīnlà	5
形式	xíngshì	6
性灵	xìnglíng	8
雄辩	xióngbiàn	8
休	xiū	6

修成正果	xiūchéng zhèngguǒ	5
须	xū	6
虚构	xūgòu	1
栩栩如生	xǔxǔ rú shēng	7
嗅	xiù	5
喧	xuān	6
玄奘	Xuánzàng	5
绚丽	xuànlì	6
渲染	xuànrǎn	9
雪中送炭	xuězhōng sòngtàn	10
寻根	xún gēn	2

Y

衍生	yǎnshēng	5
艳羡	yànxiàn	7
窈窕	yǎotiǎo	6
夜光杯	yèguāngbēi	6
一瞬间	yíshùnjiān	10
已	yǐ	6
以	yǐ	6
倚马可待	yǐ mǎ kě dài	10
亦	yì	6
轶事	yìshì	5
逸闻	yìwén	5
殷勤	yīnqín	6
殷商	Yīnshāng	8
庸懦	yōngnuò	7
涌现	yǒngxiàn	2
忧患	yōuhuàn	9
幽会	yōuhuì	4
幽情	yōuqíng	7
由来	yóulái	6
游说	yóushuì	8
有条不紊	yǒu tiáo bù wěn	5
有血有肉	yǒu xuè yǒu ròu	5
迂回	yūhuí	4
渝	yú	4
余风	yúfēng	8

羽扇	yǔshàn	7
玉门关	Yùmén Guān	6
郁郁	yùyù	4
预制	yùzhì	10
欲	yù	6
渊源	yuānyuán	8
约定俗成	yuēdìng súchéng	9
跃然纸上	yuèrán zhǐshàng	5
云鬓	yúnbìn	6

Z

造型	zàoxíng	9
诈	zhà	7
昭雪	zhāoxuě	4
真挚	zhēnzhì	1
争宠	zhēngchǒng	5
正统	zhèngtǒng	4
正宗	zhèngzōng	8
职衔	zhíxián	7
致（给予）	zhì	3
致（情致）	zhì	5
众生相	zhòngshēngxiàng	2
众说纷纭	zhòngshuō fēnyún	7
洲	zhōu	6
主宰	zhǔzǎi	4
壮怀	zhuànghuái	7
状元	zhuàngyuán	4
追溯	zhuīsù	8
卓异	zhuóyì	7
着力	zhuólì	7
资本	zīběn	10
姊妹	zǐmèi	9
自若	zìruò	7
棕榈	zōnglǘ	9
阻挠	zǔnáo	4
尊	zūn	7
遵循	zūnxún	9
左翼	zuǒyì	2

附录二

专业词语表

音序	词	音	所在课序号
A			
	艾青	Ài Qīng	3
B			
	巴金	Bā Jīn	1
	柏林国际电影节	Bólín guójì diànyǐng-jié	9
	报道	bàodào	10
	边塞诗	biānsài-shī	6
	编年体	biānnián-tǐ	8
	卜辞	bǔcí	8
C			
	曹雪芹	Cáo Xuěqín	5
	赤壁	Chìbì	7
	传播	chuánbō	10
	传奇	chuánqí	4
	词藻	cízǎo	8
D			
	戴望舒	Dài Wàngshū	3
	导演	dǎoyǎn	9
	电头	diàntóu	10
	杜甫	Dù Fǔ	6
	对仗	duìzhàng	6
F			
	冯梦龙	Féng Mènglóng	5
	伏笔	fúbǐ	7
G			
	格律	gélǜ	3
	古诗	gǔshī	6

关汉卿	Guān Hànqīng	4
郭沫若	Guō Mòruò	3

H

韩愈	Hán Yù	8
洪昇	Hóng Shēng	4
胡适	Hú Shì	3

J

纪传体	jìzhuàn-tǐ	8
戛纳国际电影节	Jiánà guójì diànyǐng-jié	9
节奏	jiézòu	3

K

科举制度	kējǔ zhìdù	5
孔尚任	Kǒng Shàngrén	4

L

老舍	Lǎo Shě	2
李白	Lǐ Bái	6
李商隐	Lǐ Shāngyǐn	6
联	lián	6
梁实秋	Liáng Shíqiū	1
刘勰	Liú Xié	8
流派	liúpài	2
柳宗元	Liǔ Zōngyuán	8
鲁迅	Lǔ Xùn	1
罗贯中	Luó Guànzhōng	5

M

茅盾	Máo Dùn	2
媒体	méitǐ	10

O

欧阳修	Ōuyáng Xiū	8

P

蒲松龄	Pú Sōnglíng	5
普利策新闻奖	Pǔlìcè xīnwén jiǎng	10

Q

屈原	Qū Yuán	6
曲牌	qǔpái	4

R

| 人文情怀 | rénwén qínghuái | 9 |

S

三国	Sānguó	7
沈从文	Shěn Cóngwén	1
审美	shěnměi	1
施耐庵	Shī Nài'ān	5
司马迁	Sīmǎ Qiān	8
苏轼	Sū Shì	6
素材	sùcái	7

T

汤显祖	Tāng Xiǎnzǔ	4
陶渊明	Táo Yuānmíng	8
题材	tícái	1
体裁	tǐcái	1

W

王安石	Wáng Ānshí	8
王蒙	Wáng Méng	2
王实甫	Wáng Shífǔ	4
王维	Wáng Wéi	6
闻一多	Wén Yīduō	3
无声片	wúshēng-piàn	9
吴承恩	Wú Chéng'ēn	5
吴敬梓	Wú Jìngzǐ	5

X

象征主义诗歌	xiàngzhēng-zhǔyì shīgē	3
消息	xiāoxi	10
形象	xíngxiàng	2
徐志摩	Xú Zhìmó	3

Y

压韵	yāyùn	6
意境	yìjìng	7
有声片	yǒushēng-piàn	9
郁达夫	Yù Dáfū	1
寓言	yùyán	5
原型	yuánxíng	5
乐府	yuèfǔ	6

Z

中篇小说	zhōngpiān-xiǎoshuō	2
周郎	Zhōuláng	7
周作人	Zhōu Zuòrén	1
朱自清	Zhū Zìqīng	1
诸葛亮	Zhūgě Liàng	8
诸宫调	zhūgōngdiào	4
自由诗	zìyóu-shī	3
奏议	zòuyì	8

附录三 阅读主要词语表

音序	词	音	所在课序号
A			
	碍	ài	1
	安	ān	8
	俺	ǎn	5
	熬	áo	1
	奥尼尔	Àoní'ěr	4
B			
	把酒	bǎ jiǔ	6
	坝	bà	10
	白居易	bái Jūyì	6
	百川	bǎichuān	7
	败露	bàilù	9
	败落	bàiluò	5
	斑斓	bānlán	3
	绑架	bǎngjià	9
	榜文	bǎngwén	5
	曝光	bào guāng	10
	悲悯	bēimǐn	4
	本能	běnnéng	9
	迸	bèng	5
	蔽	bì	8
	庇覆	bìfù	1
	碧落	bìluò	7
	汴京	Biànjīng	6
	别情	biéqíng	6
	秉	bǐng	7
	伯乐	bólè	8
	不胜	búshèng	6

不同凡响	bù tóng fánxiǎng	7
不约而同	bù yuē ér tóng	10
布	bù	7
步履	bùlǚ	1

C

才子佳人	cáizǐ jiārén	2
材	cái	8
沧桑	cāngsāng	9
糙粝	cáolì	8
策	cè	8
婵娟	chánjuān	6
蝉	chán	8
长	cháng	6
怅怅	chàngchàng	7
坼	chè	7
撤离	chèlí	10
沉淀	chéndiàn	2
沉郁	chényù	1
嗤之以鼻	chī zhī yǐ bí	9
痴情	chīqíng	3
耻笑	chǐxiào	5
彳亍	chìchù	3
炽烈	chìliè	7
憧憬	chōngjǐng	1
惆怅	chóuchàng	3
出镜	chūjìng	10
处女作	chǔnǚzuò	4
创意	chuàngyì	9
捶布	chuí bù	1
锤炼	chuíliàn	6
淳朴	chúnpǔ	6
醇浓	chúnnóng	5
绰	chāo	5
粗犷	cūguǎng	9
猝然	cùrán	1
撺	cuān	5
撮合	cuōhé	9

错位	cuòwèi	9

D

大虫	dàchóng	5
石（容量单位）	dàn	8
荡漾	dàngyàng	3
祷告	dǎogào	1
道	dào	8
得天独厚	dé tiān dú hòu	10
低洼	dīwā	10
底（的）	dǐ	3
地雷	dìléi	9
第四媒体	dì-sì méitǐ	10
颠簸	diānbǒ	9
奠基人	diànjīrén	2
凋零	diāolíng	7
雕	diāo	2
鸟（骂人的粗话）	diǎo	5
跌宕	diēdàng	2
丁香	dīngxiāng	3
兜	dōu	5
抖擞	dǒusou	1
独绝	dújué	8
独酌	dú zhuó	6
端的	duāndì	5
短促	duǎncù	7
多元	duōyuán	4

E

耳熟能详	ěr shú néng xiáng	2

F

发落	fāluò	5
翻版	fānbǎn	10
反	fǎn	8
范畴	fànchóu	2
芳	fāng	6
防汛	fángxùn	10
分道扬镳	fēn dào yáng biāo	9
纷繁	fēnfán	2

风靡	fēngmǐ	2
封笔	fēng bǐ	2
腐烂	fǔlàn	3
富阳	Fùyáng	8

G

改行	gǎiháng	9
尴尬	gāngà	9
赶趟儿	gǎn tàngr	1
冈	gāng	5
缸	gāng	7
篙	gāo	3
告诫	gàojiè	1
格局	géjú	2
公案	gōng'àn	2
共鸣	gòngmíng	9
勾勒	gōulè	4
勾(够)	gòu	5
拐	guǎi	1
官僚	guānliáo	4
官司	guānsi	5
罐	guàn	9
瑰丽	guīlì	2
诡秘	guǐmì	2

H

含蓄	hánxù	9
寒潮	háncháo	3
寒门	hánmén	2
好莱坞	Hǎoláiwù	9
好生	hǎoshēng	5
浩淼	hàomiǎo	7
何尝	hécháng	7
何事	héshì	6
何以	héyǐ	7
虹霓	hóngní	3
喉咙	hóulóng	3
华	huá	7
滑稽	huájī	9

还	huán	6
缓解	huǎnjiě	10
浣	huàn	1
荒诞	huāngdàn	9
荒谬	huāngmiù	4
恍惚	huǎnghū	1
混淆	hùnxiáo	9

J

积淀	jīdiàn	9
畸形	jīxíng	9
激	jī	8
及时雨	jíshíyǔ	9
几度	jǐdù	9
脊梁	jǐliang	5
脊髓	jǐsuǐ	3
戟	jǐ	3
际遇	jìyù	6
寂寥	jìliáo	3
寂寞	jìmò	6
佳期	jiāqī	7
坚贞	jiānzhēn	3
兼并	jiānbìng	10
践踏	jiàntà	9
将	jiāng	6
交际花	jiāojìhuā	4
焦灼	jiāozhuó	1
教诲	jiàohuì	1
皆	jiē	8
揭发	jiēfā	9
劫持	jiéchí	9
截瘫	jiétān	1
解	jiě	6
借鉴	jièjiàn	10
锦	jǐn	5
尽	jìn	8
尽数	jìnshù	5
京口	Jīngkǒu	6

经纶	jīnglún	8
窘境	jiǒngjìng	10
纠缠	jiūchán	4
踽踽	jǔjǔ	7
俱	jù	8
隽永	juànyǒng	1
眷属	juànshǔ	3
决堤	juédī	10
倔强	juéjiàng	1
崛起	juéqǐ	2

K

堪称	kānchēng	4
康桥	kāngqiáo	3
窠巢	kēcháo	1
客官	kèguān	5
恪守	kèshǒu	1
肯	kěn	6
恐	kǒng	6
控诉	kòngsù	4
寇准	Kòu Zhǔn	7
胯	kuà	5
窥	kuī	8
葵	kuí	7
坤角	kūnjué	9
焜黄	kūnhuáng	7

L

岚	lán	3
朗润	lǎngrùn	1
垒	lěi	1
篱	lí	3
离愁	líchóu	6
离离	lílí	6
梨园	líyuán	9
李煜	Lǐ Yù	6
理	lǐ	6
理会	lǐhuì	5
笠	lì	1

连载	liánzǎi	2
踉踉跄跄	liàngliàng qiàngqiàng	5
嘹亮	liáoliàng	1
瞭望	liàowàng	10
凛然	lǐnrán	2
泠泠	línglíng	8
凌霄花	língxiāohuā	3
留连忘返	liúlián wàngfǎn	8
垄断	lǒngduàn	10
漏洞	lòudòng	10
落英	luòyīng	6

M

漫	màn	3
漫灌	mànguàn	10
没落	mòluò	4
蒙汗药	ménghànyào	5
孟浩然	Mèng Hàorán	6
梦寐	mèngmèi	7
眠	mián	6
邈	miǎo	6
鸣	míng	8
名角	míngjué	9
模式	móshì	10
牧童	mùtóng	1
幕	mù	4
暮年	mùnián	7

N

纳	nà	5
内敛	nèiliǎn	9
恁地	nèndì	5
拟订	nǐdìng	10
啮	niè	3
牛鬼蛇神	niúguǐ-shéshén	9
弄	nòng	6
奴隶人	núlìrén	8
懦弱	nuòruò	4

O

鸥	ōu	6
偶发	ǒufā	10

P

徘徊	páihuái	6
攀援	pānyuán	3
畔	pàn	3
旁白	pángbái	9
咆哮	páoxiào	5
配角	pèijué	9
蓬门	péngmén	6
霹雳	pīlì	3
骈	pián	8
漂泊	piāobó	7
飘零	piāolíng	7
缥碧	piǎobì	8
票房	piàofáng	9
扑朔迷离	pūshuò-mílí	9

Q

凄清	qīqīng	6
凄婉	qīwǎn	3
萋萋	qīqī	6
气力	qìlì	5
气象万千	qìxiàng wànqiān	2
契诃夫	Qìhēfū	4
恰如其分	qià rú qí fèn	9
牵连	qiānlián	4
乾坤	qiánkūn	7
掮	qián	1
潜移默化	qián yí mò huà	9
强盗	qiángdào	9
抢险	qiǎngxiǎn	10
妾	qiè	1
怯懦	qiènuò	4
亲眷	qīnjuàn	1
侵	qīn	6
侵扰	qīnrǎo	7

秦观	Qín Guān	7
青睐	qīnglài	9
青楼	qīnglóu	2
琼楼玉宇	qiónglóu yùyǔ	6
蛐蛐	qūqu	9
鹊桥仙	Quèqiáo Xiān	7

R

热门	rèmén	9
任意	rènyì	8
戎马	róngmǎ	7
荣	róng	6
揉	róu	3
如何	rúhé	5
如虎添翼	rú hǔ tiān yì	10
儒雅	rúyǎ	2
若	ruò	8

S

莎士比亚	Shāshìbǐyà	4
筛	shāi	5
山墙	shānqiáng	1
晌午	shǎngwǔ	5
梢棒	shāobàng	5
舍	shè	6
深院	shēnyuàn	6
深挚	shēnzhì	7
甚么	shénme	5
声名狼藉	shēngmíng lángjí	1
笙	shēng	3
盛名	shèngmíng	2
胜却	shèngquè	7
实况	shíkuàng	10
食	sì	8
始乱终弃	shǐ luàn zhōng qì	4
世务	shìwù	8
是	shì	8
市	shì	6
示范	shìfàn	10

舒活	shūhuó	1
率性	shuàixìng	9
厮	sī	5
厮守	sīshǒu	7
嘶哑	sīyǎ	3
肆无忌惮	sì wú jì dàn	9
粟	sù	8
溯	sù	3
簌簌	sùsù	5
飧	sūn	6
损不足以奉有余	sǔn bùzú yǐ fèng yǒu yú	4
蓑	suō	1

T

太息	tàixī	3
袒	tǎn	5
倘或	tǎnghuò	5
陶冶	táoyě	2
啼	tí	6
涕泗	tìsì	7
迢迢	tiáotiáo	7
贴钱	tiēqián	5
桐庐	Tónglú	8
徒	tú	6
吐蕃	Tǔbō	7
湍	tuān	8
推陈出新	tuī chén chū xīn	7
颓	tuí	1
颓圮	tuípǐ	3

W

玩意儿	wányìr	1
王安石	Wáng Ānshí	6
枉	wǎng	5
威仪	wēiyí	3
唯恐	wéikǒng	7
伟岸	wěi'àn	3
慰藉	wèijiè	3
闻	wén	6

无辜	wúgū	4
无绝	wújué	8
无情	wúqíng	6
吴楚	wúchǔ	7
梧桐	wútóng	6
兀自	wùzì	5
雾霭	wù'ǎi	3

X

夕	xī	6
昔	xī	7
晞	xī	7
细腻	xìnì	9
霞	xiá	1
见	xiàn	8
县治	xiànzhì	5
乡愁	xiāngchóu	3
相期	xiāngqī	6
相	xiàng	8
箫	xiāo	3
晓	xiǎo	6
歇	xiē	5
写照	xiězhào	9
新浪	Xīnlàng	10
荇	xìng	3
胸襟	xiōngjīn	7
汹涌	xiōngyǒng	3
休	xiū	5
羞涩	xiūsè	1
须	xū	6
许	xǔ	8
许谎	xǔ huǎng	1
轩	xuān	7
炫耀	xuànyào	3
血泊	xuèpō	5

Y

压抑	yāyì	9
言简意赅	yán jiǎn yì gāi	7

演绎	yǎnyì	9
晏几道	Yàn Jǐdào	7
阳春	yángchūn	7
摇篮	yáolán	4
邪	yé	8
夜阑	yèlán	7
一番	yìfān	6
一以贯之	yī yǐ guàn zhī	9
依依	yīyī	7
异想天开	yì xiǎng tiān kāi	9
易卜生	Yìbǔshēng	4
翌年	yìnián	9
溢于言表	yì yú yán biǎo	7
因缘	yīnyuán	2
荫	yīn	3
银汉	yínhàn	7
引人入胜	yǐn rén rù shèng	2
因特网	yīntèwǎng	2
嘤嘤	yīngyīng	8
余暇	yúxiá	1
榆	yú	3
与	yǔ	5
渊薮	yuānsǒu	4
鸳鸯	yuānyang	2
原创	yuánchuàng	10
缘由	yuányóu	7
猿	yuán	8
猿人	yuánrén	4
曰	yuē	8
岳阳楼	Yuèyáng Lóu	7
云	yún	7
云汉	yúnhàn	6
陨石	yǔnshí	1
酝酿	yùnniàng	1
韵	yùn	8

Z

杂样儿	záyàngr	1

錾	zàn	1
藻	zǎo	3
增殖	zēngzhí	10
闸门	zhámén	10
张爱玲	Zhāng Àilíng	1
张扬	zhāngyáng	9
丈	zhàng	8
朝朝暮暮	zhāozhāo mùmù	7
朝露	zhāolù	7
朝气蓬勃	zhāoqì péngbó	7
兆头	zhàotou	1
辙	zhé	1
鹧鸪	zhègū	7
侦探	zhēntàn	2
正气	zhèngqì	2
知悉	zhīxī	5
执	zhí	8
直播	zhíbō	10
直观	zhíguān	10
止息	zhǐxī	3
只顾	zhǐgù	5
旨趣	zhǐqù	2
钟山	Zhōngshān	6
咒	zhòu	1
主角	zhǔjué	9
驻屯	zhùtún	7
箸	zhù	5
转播	zhuǎnbō	10
撰	zhuàn	10
坠	zhuì	5
捉迷藏	zhuō mícáng	1
滋润	zīrùn	7
自刎	zìwěn	9
樽	zūn	6

附录四

常见句型表

B

被誉为	9
标志着	5
不过……罢了	7
不失(为)	7

C

称之为	5
从……来说、从……上(来)说、从……的角度(来)说	6

D

当推 / 得数	2

E

A……,(而)B 则……	3

H

号称	9

J

集……于一体	9
继……之后	4
介于 A 和 / 与 B 之间	1

M

莫过于	5

Q

前者 / 后者	4
取得了……的地位	6

R

日益	8

S

诉诸(于)	7

T

所谓(的)	8
通过……抒发/表达……	1

W

为之	7
围绕……(来)展开	1

Y

也就是	3
也就是说	10
以……(而)著称	8
以……为……	2
以……为主,以……为主要特色	6
用/以 ＋ (……的语言/语句/词藻/意象……) ＋ 描写……的景色/表达……的感情/寄托……的感情/抒发……的感情/烘托……的气氛	6
由……决定	10
由……演变而成/发展而来	3

Z

正所谓	4
正因为如此/这样	10
……之类	4
致力于	2

附录五 综合练习部分习题参考答案

第一课

2. (1) 脍炙人口　(2) 感染　(3) 魅力　(4) 酝酿　(5) 泼辣
　 (6) 不可或缺　(7) 逻辑　(8) 崩溃　(9) 告诫　(10) 虚构

第二课

2. (1) 气象万千　(2) 涌现　(3) 气魄　(4) 彷徨　(5) 风靡　(6) 反思
　 (7) 崛起　(8) 相依为命　(9) 先锋　(10) 耳熟能详　(11) 引人入胜
　 (12) 格局　(13) 诡秘　(14) 揭露　(15) 里程碑　(16) 千疮百孔

第三课

2. (1) 炫耀　(2) 节制　(3) 惆怅　(4) 朦胧
　 (5) 斑斓　(6) 慰藉　(7) 攀援　(8) 飘逸
　 (9) 汹涌　(10) 不羁　痴情　(11) 寂寥　乡愁　(12) 传诵

第四课

2. (1) 堪称　(2) 懦弱　(3) 萌发　(4) 特地　(5) 始乱终弃　(6) 婉转
　 (7) 诬陷　(8) 家喻户晓　(9) 荒谬　(10) 奇葩　(11) 摇篮　(12) 纠缠

第五课

2. (1) 咆哮　(2) 理会　(3) 温馨　(4) 谴责　(5) 活灵活现　(6) 波澜壮阔
　 (7) 响应　(8) 有条不紊　(9) 嘲讽　(10) 奸诈　(11) 病入膏肓　(12) 鼓吹
　 (13) 线索　(14) 弊端

第六课

2. (1) 回味　(2) 旷达　(3) 须　(4) 皎洁　(5) 悲愤　(6) 欲　(7) 殷勤
　 (8) 徘徊　(9) 亦　(10) 寂寞　(11) 哀婉　(12) 沙场　(13) 沉痛　(14) 还

第七课

2. (1) 消沉　　(2) 扭转　　(3) 漂泊　坎坷　(4) 短促　　(5) 迢迢
　 (6) 唯恐　　(7) 解脱　　(8) 哺育　　　　(9) 翩翩　　(10) 束缚
　 (11) 侵扰　　(12) 言简意赅　(13) 栩栩如生　(14) 溢于言表
　 (15) 叱咤风云　(16) 不同凡响　(17) 不可一世　(18) 成竹在胸　稳操胜券
　 (19) 朝气蓬勃　(20) 缠绵悱恻　(21) 推陈出新

第八课

2. (1) 体制　　(2) 琐事　　(3) 明快　　(4) 华而不实　(5) 留连忘返　(6) 伯乐
　 (7) 呼吁　　(8) 楷模　　(9) 不可磨灭　(10) 正宗　　(11) 僵化　局限
　 (12) 称道　雄辩

第九课

2. (1) 热门　　　(2) 撮合　　　(3) 创意　　　(4) 遵循
　 (5) 忧患　　　(6) 共鸣　　　(7) 情怀　　　(8) 败露
　 (9) 颠簸　　　(10) 含蓄　　　(11) 张扬　　　(12) 超群　辉煌
　 (13) 荒诞　　　(14) 践踏　　　(15) 集大成　　(16) 肆无忌惮
　 (17) 异想天开　(18) 恰如其分　(19) 潜移默化　(20) 一以贯之
　 (21) 分道扬镳　(22) 约定俗成　(23) 扑朔迷离　(24) 嗤之以鼻

第十课

2. (1) 垄断　　　(2) 充其量　　(3) 得天独厚　(4) 雪中送炭　(5) 驱使
　 (6) 拖拖拉拉　(7) 出口成章　(8) 贬值　　　(9) 曝光　　　(10) 得心应手
　 (11) 一瞬间　　(12) 直观　　　(13) 比比皆是　(14) 消费　　　(15) 如虎添翼
　 (16) 漫灌